与灵对话

邀请你来到一个全然不同的可能性

香农·奥哈拉

第三版

ACCESS COUNSCIOUSNESS PUBLISHING

如果您对本书有任何疑问或订购请求, 请访问:

www.talktotheentities.com/ttte-books/chinese

ISBN: 978-1-63493-502-9

出版方Access Consciousness Publishing, LLC

致谢

感谢马林县的凯西·克里斯普(Kacie Crisp)帮助我开始这个项目。如果没有她谁知道这还要多久才会开始。你是个伟大的女人，谢谢，谢谢，谢谢，谢谢。也感谢其他为这本书面世做出贡献的所有人：Liam Phillips, Simone Phillips, Stella Janouris, Heidi Kirkpatrick, Jesper Nilsson, Ryan Gantz, Jason Stahl, Q-Mars Imandel及Dona Haber。感谢我所有美丽的朋友们，是你们让我的生活如此美好，让这世界变得更加美丽。

最感谢加利·德格拉斯，他为我带来启迪、赋予我工具和魔法，使这本书的问世不仅仅变得可能，更加成为了一份超越这一实相的生命。

谢谢你们，怎样比这更好？

目录

序言

四年半前，这本书就已经开始跃跃问世、为其自己发声。在我创作它的所有时间里，我从来没有真正意识到它会在这世界、以及会阅读它的所有人的生活里产生如此巨大的影响——包括我自己的。我知道我需要讲述我的故事，希望这会让其他人知道，在这个世界上还有一种全然不同的可能性，以及他们可能不是像他们以为的那样糟糕透顶。我当时并不知道这本书将如何实现这一点，而现如今它确实已经向我展示了这一点。

人们纷纷向我表达感激之情，告诉我他们终于懂得了他们一生都在感知却又让他们抓狂的东西；对于他们是觉察于灵之世界这一事实，他们终于拥有了平和、清晰和轻松。还有人告诉过我仅仅通过阅读这本书，他们对灵体的感知就已经得到了巨大的提升；仿佛这本书本身就是引领他们迈步进入自己种种能力的一扇大门。

在过去的四年半里，与灵对话有了很大的发展，并持续不断地在扩展、触碰和改变着更多人（有身体的和无身体的）的生命。现在我们有遍布世界各地的与灵对话导师们向人们展示与灵对话和 Access Consciousness 的各种不可思议般地简单而又有效的工具和程序。他们向人们展示如何克服围绕灵体的恐惧和困惑，进入自己的深层觉察和触摸那些可能性的世界；而这仅仅在50年前都被认为是不可能的，或者只是一个童话。

我知道我自己和众多的与灵对话导师们正在朝着一个共同的未来而努力。在那个未来中，人们对灵体的恐惧将成为一个遥远的过去。在那个未来中，关于灵之世界的迷信、歇斯底里和无能不过是个例外，而并非是一份常态。我个人衷心希望看到一个未来，在那里大家知晓和处理着灵体意识，Access Consciousness 和与灵对话的工具被应用于各类教育平台，为人们赋能。同时，我也希望看到它们被应用在精神病院，对患者施行教育而不是药物治疗。

我很想看到一个未来，在那里，灵之世界从阴影中走出来，展露在光明里，这样所有人都能看到并知晓那份本可以存在在那里的平和与轻松。不再惧怕死亡作为结局；不再深深评判那些听到灵之世界的声音的人们，亦不再隐藏那将会为如此多人带来自由的觉察之钥匙。

如果这是你第一次阅读这本书，我希望你会喜欢它，也许有几盏灯泡会熄灭，然后你会发现几把打开你自己世界的钥匙。

而如果你再次阅读这本书，也许你会运用这些钥匙深入来到你所知晓的东西当中吧？当意识的工具牢牢掌握在你手中时，怎样比这更好以及还有什么更多是可能的呢？

引言

我和我的朋友唐妮雅以及她最近去世的姐姐坐在哥斯达黎加雨林里的一张桌子旁。是的，没错，她死去的姐姐。我的朋友显然很痛苦，情绪很激动；她非常想念她的孪生姐姐。我能看到唐妮雅的姐姐和我们一起坐在桌子旁。她就坐在我正对面的椅子上，但对唐妮雅来说，她的姐姐就像清新的空气一样无影无形和难以察觉。

哦，抱歉，请允许我自我介绍一下，我叫香农·奥哈拉，我能看见死人。在这个星球上有人能听到、看到、与灵体交谈和承认灵体。我就是这些人中的一员。我这辈子都在和灵体沟通。在这本书中，我将告诉你我生命中所有这些感觉像是诅咒的时刻。从那里，我将告诉你我是如何成长到将这种能力视为礼物，并讲述它所打开的改变和意识的大门。

所以我和唐妮雅以及她死去的姐姐在一起，试图安慰我的朋友，让她相信她并没有永远失去她的姐姐；她和我们一起坐在桌子旁，握着她的手。尽管我的朋友非常想相信这一点，但这个跨越对她来说实在是太大了，我可以看到，我必须做更多的努力来帮她意识到这一点。我该如何为她建造一座桥梁，把她从我们的世界连接到她姐姐所在的灵之世界呢？如果我搭建起那座桥梁，唐妮雅会走过去吗？

为什么我能看到唐妮雅姐姐的灵体而唐妮雅自己却不能呢？嗯，这可能仍然是宇宙中最大的谜团之一。为什么有些人游泳好，有些人不行？我猜有些人是带着游泳的天赋来到这个世间的。我只是带着看到死人的天赋来的（还有很多其他奇怪的东西——稍后再说），不管你喜不喜欢，就是这样。有些人可能会觉得这很奇怪、很可怕或很吸引人，而对我来说，这也曾的确如此。在我的生活中，我曾经对我所看到的东西感到恐惧。还有些时候，我也深深为之着迷和倍感荣幸。在过去的七年里，我把人们和他们死去的亲人连接起来，教导他们什么是灵魂和灵体，以及他们自己可以如何与灵体沟通。

有时这很容易，但有时却很难帮助人们改变他们对死后生命的看法。有些人愿意承认灵之世界，而另一些人则强烈抗议，认为它甚至根本不存在。这些人通常不会来跟我说话，原因很明显。

唐妮雅来这里是为了对她姐姐的事情找到一些平静，不管那看起来是什么样子。唐妮雅和我继续聊着，我越来越明显感到，唐妮雅可能更感兴趣于维持她对失去她姐姐的悲伤难过，而不是真的承认和接收那个灵体。她姐姐的无限能量，当我们说话的时候，就在那里和我们在一起。如果唐妮雅承认这一点，那将彻底改变她的实相的建立基础。如果她承认她的姐姐没有身体地在那里，这对她的信念系统会有什么影响呢？这对她眼中的世界又会有什么影响？

我所能做的就是充当唐妮雅和她姐姐之间的媒介——在可能和"不可能"之间的那个中介。

唐妮雅的姐姐非常聪明。她很容易沟通；但不是所有的灵体都是这样的。她已经完全有意识地做好了过渡，现在正在和我一起帮助她的妹妹对于她的离世找到一些平静。

我问唐妮雅她想从这次个案中得到什么，她说她只想知道她姐姐还好吗。我一直觉得这个概念有点讽刺。恰恰是留在这一边的人们才是痛苦的。而另一边的在大多数情况下都很好。

唐妮雅的姐姐告诉我，她去世后是立即就和唐妮雅在一起的，她很抱歉她的妹妹要经历这一切。她还想让我告诉唐妮雅，她会一直陪着她，直到唐妮雅好起来，准备好开始新的生活。我得记住我只是个信使。我无法迫使唐妮雅接收她姐姐富有爱的临在。我无法迫使她承认她姐姐正在握着她的手。我只能打开那扇门，却不能直接把她推进去。有时这是作为媒介最令人无奈的地方。我希望能把我对灵体的清晰给予所有人，好让他们仍然能看到他们过世的亲人并与之交谈。这将是对人们在自己所爱的人死去时所感受到的痛苦的一种解脱。

但我必须记得，在承认灵体是真实存在时，我所经历过的痛苦挣扎。是的，就连我自己也有好多年都在试图否定和掩盖它。稍后我会详细介绍。

我在想办法让唐妮雅和她姐姐连接上，这样我不在的时候她就能和姐姐交流了。我希望赋予人们种种工具和程序，好让他们可以自己进行与灵对话。我相信每个人都能做到我所能做到的。

我一直跟唐妮雅说她姐姐很好，事实上她比唐妮雅过得更好。

几个月后，我再一次和唐妮雅聊天，她给了我一些有趣的反馈。她说在个案的时候她讨厌我说她姐姐在那里，而她只是不愿意看到。她说，随着时间的推移，她能够看到她的姐姐就像我说的那样在那里。她开始看到她周围的征兆。唐妮雅开始意识到，她的种种情绪和感觉在阻止她姐姐轻松地与她沟通。从某种意义上说，唐妮雅的情绪让她无法感知或接收任何不符合或没有印证她的情绪和感觉的东西。如果唐妮雅允许她的姐姐仍然在她的生命中，只是没有了身体，她还能继续紧抓着如此多的哀痛和悲伤吗？

唐妮雅意识到，有了姐姐的灵体真的陪伴在她身边，她就再也无法抱持那份悲伤。她开始意识到，她可以与姐姐交流，不是像以前那样通过言语和身势来交流，而是通过能量和觉察。唐妮雅终于开始认识到姐姐与她交流时的感觉。她开始意识到这种感觉的微妙之处。慢慢地，在姐姐的帮助下，唐妮雅开始改变看待事物的方式。有了这个，她从姐姐的死中感受到的毁灭性打击变成了对一个不同的世界和一种不同的存在方式的可能性。一点不开玩笑——不可能变成了可能，而现在，还有什么其他的可能性呢？

起初……

"我们最深的恐惧不是我们不够好。我们最深的恐惧是我们无法估量的力量。让我们害怕的是我们的光明，而不是黑暗。

~ 玛丽安娜·威廉森 ~

起初……

钥匙掌握在孩子们手中

你见过有的婴儿总是盯着什么东西看或指向什么东西，而那里看起来什么都没有吗？我以前就是这样的孩子。

我妈妈曾经说过，当我还是小婴儿的时候，我会躺在婴儿床里，用婴儿的语言咯咯地笑着，然后把手伸向她看不见的什么东西。我会如此专注地盯着人们脑袋周围的空间，以至于让他们好奇在自己身边或是后面是不是有什么东西。他们会回头张望，然而对他们来说那里什么也没有。但对我来说那里是有东西的，我在看向人们周围的灵体和能量场。

我们小时候跨过的那条界限在哪里？我们什么时候为了不知晓和不看见而放弃了看见？

空气中有起伏不平的网格和线条，它们充满着能量，万事万物都脉动着电能和色彩。直到我十岁或十一岁时，我才意识到其他人没有在看到和体验到我所看到的东西，至少他们没有在谈论这些。

当我还是个孩子的时候，我不知道心灵感应是什么，但我确实听得到人们在思考着很多的东西。当你听到一个人的脑袋里冒出五个不同的对话时，是很奇怪的事情。其中一个对话是从他们的嘴里说出来的，其他四个则是从别的地方冒出来的。观察一个人在任何时刻能有多少不同的观点是非常有意思的事情。这就像是同时在感知着他们所有的生命——过去、现在和未来的。我可以看到他们当下就站在我面前，我也可以看到他们在我逐渐意识到的另一个生世或次元。有的人站在我面前时，我甚至能眼睁睁看着他们变身成各种各样的东西。

他们总是会保持他们在此时此地的样子，但这就像看到有东西叠加在他们之上以及他们周围一样。某一刻他们会站在那儿，下一刻另外一个人会在那里，然后再下一刻他们会回来。我不骗你，我以为这是大家全都能看到的。

我不太明白为什么，当我试图与人们谈论这件事时，他们会看着我，就像我是一个疯子或麻风病人。但是最终，我发现与大多数人谈论这些并不安全。于是我便闭口不再说起，最终我不再看到和感知这些了；因为如果其他人认为它是疯狂的，那一定是我有什么不对，是不是？

我能看到一些人曾经做过的"坏事"，不管他们这辈子是否在做坏事。我能看到他们做了什么或将会要做什么，不管他们自己是否有觉察到。我还能看出一个人是否轻盈和善良，我能看到光明和黑暗、沉重和轻盈同时在一个人身上发挥作用。

最后我意识到，我看到了他们不同的化身。这多亏了我的继父，他身怀各种各样便捷的工具，用来理解那些不太解释得通的东西。

我一直在回答人们脑子里问过的各种问题。在长途旅行中和爸爸玩心理练习游戏时，我总会赢过我的哥哥。没错，我的继父不是带我们玩《I SPY视觉大发现》游戏，而是会想到某个颜色、地点或形状，然后我们会练习读心术接收信息并把它传达出来。我以为所有的孩子在小时候都学习过从人们的脑子里提取图片和信息。从来没有人告诉我这是不可能或错误的。实际上，我是受到鼓励来开发读心术的。

后来，当我十几岁试图变得合群时，事情会变得艰难起来；但是小时候，我都很轻松和充满魔法。我甚至没有想到它是魔法——那只是我所生活的神奇世界。孩子们真幸运！

我妈妈会想着她有多么爱我，我则会大声回应："我也爱你，妈妈。"她听到后总是咯咯直笑。

读书前先读光环

当你还是个孩子时，你从来不会觉得自己是古怪或不同寻常的。直到你长大了一些，你才开始担心自己在其他人眼里看起来的样子。儿童能够做如此多惊人的事情，那是成年人早已遗忘或掩埋了的，再也不会被看见。

在我六岁时，有一天我在父母的书房里发现了一本有趣的书。上面有很多漂亮的身体图案，身体的周围环绕着不同的色彩。这本书深深吸引了我。妈妈告诉我，这本书的名字是《光之手——人体能量场疗愈全书》，那时我还不识字。光环是围绕着一个人或一样东西的发光的精微能量场。在宗教艺术中，你会经常看到圣人或天使的头顶都环绕着光环。我热切地抓起书，跳到父母的床上阅读起来。我指着一张被明亮的洋红色光芒环绕着的女人的照片，告诉妈妈，这看起来就像她。妈妈告诉我，这张照片下面的说明写着："一个女人刚刚得知亲人去世的消息。"我的外公前几天刚刚去世。

我指着另一张照片，这是一个被黄色黏液质地的色彩包围的人。我跟妈妈说这个人长得像我哥哥亚当。标题写着："一个刚刚吸过可卡因的人。"那时亚当在戒毒康复期。

彼时我妈妈和我的继父加利才意识到我看得到光环。他们的朋友会让我告诉他们光环的颜色，并画给他们。我觉得这很有趣。提醒你一下，我那时才六岁。

我能分辨出妈妈什么时候会生气回家，或者加利什么时候会担心钱的问题——根据他们头部和手部的色彩。人们周围的色彩会随着他们情绪的变化而变化。

我没有自己的分类方法，也没有自己的解释来定义我看到的颜色对这个人意味着什么。当我看着他们周围的色彩和能量随着他们思考和感受不同的事物而改变和移动时，我只是通过感受他们的感受就能了解到他们的感受。

由于我觉察到大量的超自然活动，有时我很难入睡。当我依偎在妈妈怀里时，她会让我描述她的光环。因为在黑暗的房间里我能更好地看到她的光环，这让我更容易忍受黑暗。像这样和妈妈在一起可以帮助我放松，我可以舒服地渐渐入睡。（我一直睡在父母的床上或他们房间的地板上，直到14岁摆脱了这一切我才独自睡觉。他们是不是很幸运？）

诡异的成长

你知道诡异(weird)这个词最初的定义是"灵性、命运或宿命，参与超自然的东西"吗？所以当你说某样事物很诡异的时候，你是在说这是一种"灵性、命运或宿命"。这是不是很诡异？

1979年十月初的一个炎炎烈日，我降生在加利福尼亚州的洛杉矶。那个夏天太热了，在我母亲怀孕期间，她身体的每个关节都肿胀到正常大小的两倍。啊，分娩的奇迹！由于母亲坚强的意志，我出生时没有经验任何药物。我觉得这很不可思议，也觉得自己很幸运。

我的母亲是四个孩子中最大的一个，在爱尔兰裔美国移民的传统中长大，她的成长环境是在宾夕法尼亚州东北部，充满了浓厚的宗教和酒精熏陶。白羊座的她脾气暴躁、意志坚强。她20岁时未婚生下了我的哥哥亚当，一个人自力更生。在寻求更好的生活时，有人告诉她在西部一切皆有可能，只要你有决心去实现它。因此，在70年代初，她和她的长子——我的哥哥一起出发了。她在去南加州的路上口袋里只有几美元，大腿上还坐着一个男婴。她找到了她的麦加（她后来这样称呼它），那就是洛杉矶温暖的天气和更进步、更自由的环境。慢慢地，我的妈妈踏入了电影行业的大门，她通过为星光熠熠的明星们做经纪人而一步步晋升。

就在这个时候，她遇到了我的生父。我父亲是一个现代的犹太流浪者。他在英国伦敦的贫民窟里由立陶宛-波兰裔犹太移民抚养长大。年轻时，他非常厌恶伦敦，为了逃避伦敦糟糕的天气和十几岁工厂工人的命运，十八岁时他跑去投奔了以色列军队。在经历了伦敦的贫困交加、人潮拥挤的生活和忧愁之后，带着一点点神秘和些许隐士味道的广阔西奈沙漠深受他的喜爱。

机缘巧合，再一次回到伦敦后，他用一张从酒吧公告牌上招领的二十美元机票登上了飞往纽约的飞机。1977年，他在参观了纽约的艺术场景和其间的一切之后，来到了洛杉矶。此后不久，他遇到了我的母亲。他们在1979年生下了我，但从未结婚。他们不过是另一对南加州的年轻夫妇，凑到一起过日子。他们试图维持他们的关系，但是，唉，最终没能做到。我出生几年后，他们友好地分手了，直到今天仍然是朋友。

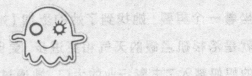

继父

在我四岁时，我妈妈遇见了加利，一个英俊潇洒的男人，后来他成为了我的继父。他和我母亲一起抚养我长大，并在这个过程中给了我一种比世界上所有的金子都更美好的东西：意识。

1968年，为了寻找工作机会，加利从圣地亚哥搬到了宁静的海滨小镇圣巴巴拉。圣巴巴拉有一种独特的几乎无与伦比的美，层层叠叠的山脉景象壮观、海天一色。你可以在山间的小溪里嬉戏，然后二十分钟内就可以来到那条小溪流淌汇入的大海里游泳。加利多才多艺，你能想象到的任何事情他几乎都很擅长。对我母亲和我来说，他是一个光芒四射的骑士。

五岁时，妈妈带着我和哥哥亚当举家从洛杉矶搬到圣巴巴拉，与加利还有我的继兄斯凯住在了一起。

加利和我妈喜欢"诡异"的东西。我和斯凯都暗中见识到千奇百怪、五花八门的东西。对于那些不知道通灵是什么的人来说，通灵是一个人离开他们的身体而另一个灵体进入他的身体并说话。我们的父母真的很喜欢通灵。在星期四的下午，放学回到家后发现十到二十个穿着白衣的成年人躺在客厅的地板上，某个神秘的巫医边挥舞着他的手边唱着什么，根本不是什么稀奇的事儿。我妈妈会建议我在和某个男孩闹矛盾或在学校出问题的时候算塔罗牌。我不确定自己是否太天真，但我以为所有的家庭都是这样的。

我妈妈和继父既不是嬉皮士也不是疯子。他们做着普通的工作，让我们这些孩子以我们所选择的最时尚的方式生活，供我们学习钢琴、舞蹈、足球等任何我们想学的课程。他们只是在以不同的方式看待这个世界。

我会抱怨某件事或某个人，我妈妈就会不停地说这一定是来自过去某个生世的某个麻烦。

直到长大了一些，我和斯凯从来没有停下来想过，我们的父母喜欢的东西是不同寻常的。星期天早上，当我们的大多数朋友都被带去教堂的时候，我和斯凯在草坪上跑来跑去，而我们的父母坐在里面，听着一个死人通过一个金发女人说话。我以前还得央求我妈让我和我的摩门教小朋友一起去教堂。我以前很喜欢吃仪式后他们摆放出来的饼干。

周日早上和父母在一起的时候，我们可以在仪式进行的时候待在房间里，也可以在外面自由奔跑。我印象最多的是，当我的父母加入到活动中来时，房间里是多么平静，就仿佛房间里的空气充满了一些有形但却不为肉眼可见的东西。就像是听到森林里的树木在歌唱——不是树叶在风中飞舞，而是树木本身的频率。它就在那里，但同时又非常难以察觉。在这些聚会上，每个人都闪耀着柔和的光芒，尤其是站在前面讲话的人；他们真的在放射着光芒。

加利和鬼

加利是在我七岁时开始通的灵。他自己参加过很多通灵会，又是一个富有探险精神的人；他只是对自己说："我想做这个"，不久之后，他就做到了。他开始通灵三个不同的存有。有乔治兄弟，一个胖胖的乐呵呵的修士；一位名叫李医生的中国人；还有拉兹普廷，那个莫斯科的疯和尚。

拉兹普廷是加利通灵的唯一一个在历史上著名的人物。拉兹普廷生活在二十世纪初的俄罗斯，被认为是一位疗愈师、神秘主义者和先知。他的盛名源于他是唯一一个能够治愈沙皇和皇后的小儿子亚历克西的血友病的人。在被拉兹普廷治愈之前，亚历克西遭受了巨大的痛苦，有几次差点死掉。拉兹普廷是个了不起的人。当他蓬头垢面、以一副乡下人的样子出现时，人们对他充满了怀疑和评判。然而，当小男孩如魔法般一次又一次地从他的病床上起来时，再没有人能否认他的能力。

当拉兹普廷（我们亲切地称他为拉兹）进入加利的身体时，

他会说俄语或带有浓重俄罗斯口音的英语。加利本人除了卢布和苏联红牌伏特加外，一句俄语也不懂。这些异常现象不仅让通灵变得非常有趣和令人兴奋，而且也让它成为一个发射台，用来探索宇宙未知的奥秘和人类的能力。

当加利通灵时，他的身体会改变，呈现出这些不同灵体们的生理特征。当乔治兄弟进来的时候，加利的身体会膨胀到实际大小的四倍，而当他和李医生合作的时候，他的眼睛会倾斜，他会变得又瘦又小，就像一个上了年纪的亚洲人。我不骗你，他的外表会改变。

当到了我的就寝时间、我也被许可不用上床睡觉时，我完全被这些夜晚的个案逗乐了。我喜欢李医生。他总是让房间闪闪发光，他会让我咯咯直笑，感觉我全身都被挠痒痒了。乔治兄弟很吵闹，如果他来的时候我正在床上睡觉，我就会被他欢快的笑声吵醒。拉兹对我来说就像父亲一样，只要他在我身边，我就会觉得自己完全被爱着。在接下来的几年里，我把他当作我自己的圣人。每当我难过或害怕时，我都会积极地请求他看顾我或帮助我。一个年轻女孩向一个早已死去的臭名昭著的花花公子和酒鬼求助，这可能看似有些奇怪，但我可不这么看他。我认识的他是一种完全不同的能量。

拉兹普廷是加利所通灵的所有灵体中最强大的一个，他也是在其他灵体都离开后继续留下来的那一个。拉兹普廷一生都是一个了不起的疗愈师，作为一个高灵，他在我们的生世中来到这里协助我们许多人找到更大的平和感和意识。

捉迷藏

　　我和我的新继兄斯凯都出生于1979年。当我们还是孩子的时候，我们的身高和体重都一样，而且长得也非常像。即使我们有血缘关系，我们也不可能长得更像了。我们成了相互打闹的最好的朋友。当我们不忙着把对方打得奄奄一息的时候，我们就在车库里或后院，制定赚取上千美元的商业计划，比如收集易拉罐回收利用，或者从邻居的玫瑰花丛中出售鲜花。

　　在一个阳光灿烂的日子，加利带着我和斯凯去了附近的小镇萨默兰，他在那里做生意。当我们沿着海岸南行时，阳光在海面上闪烁，大大的老式房屋、餐馆和古玩店坐落在峰峦之下。加利把车停在一座白色木框架房子前，那是一家古董店。

　　我和斯凯不仅同年出生，而且都非常喜欢待在外面，在大人们忙碌的时候跑来跑去，而不是在屋里干等着。我相信加利也更希望我们呆在外面，这样他就可以不受到两个狂野的印第安人的干扰来好好谈他的生意了。

古董店里面那些古董的美,我们没能看到。然而,古董店房子的外面则被成荫的大树、灌木丛和陈列在花园里的各式各样的古董包围着。

我和斯凯开始玩起捉迷藏。现在,虽然我相信这对斯凯来说也很好玩,但这真的是一个不公平的游戏。我有一些盟友,它们对我来说是完全可见和真实存在的,但对毫无疑心的斯凯来说是看不见的。轮到斯凯躲起来的时候,要找到他,我只需要抬头看看古玩店二楼的窗户,一个戴着非洲面具的男人出现在那里。我看不见那人的身体,但面具就在那里,在对我说话。我把这个戴着面具的存有和一棵树相关联起来。你知道树就在那里,但你不会像和另一个人一样和它交谈。你总是知道树在哪里,但大多数人都没有觉察到树在说什么。另一方面,我能听到树的声音,不是言语,而是能量。站在二楼窗口的那个存有并没有直接跟我说话,但会把它的声音放到我的意识里。就好像我有了一个想法或者一种感觉。

我似乎立刻就知道那个戴面具的人在和我们一起玩,当然斯凯并不知道。我的鬼朋友会指向斯凯跑去藏起来的方向。我甚至不用在坐在窗口的那个人的视线范围之内就能得到我需要的信息。我一出离窗户的视线,只要问那个人斯凯藏在哪里,它就会告诉我。我会听到脑海中有个声音说,"在灌木丛后面"或者"在棚子里"。我总能一下子就找到斯凯。而他总要花很长时间才能找到我。不知怎么回事,我怀疑斯凯根本不知道他在跟我玩这个游戏时他的对手是什么。

无翼飞机

这不是一个关于灵体的故事，而是一个关于看向这个实相之外的故事。当你打开通向灵体的大门时，你也打开了感知各种不同寻常事物的大门。外星人和他们的飞船可能就是其中之一。我相信正常现状之外的各种生命。

我在学校过得并不太好。我可怜的老师花了很大的力气才让我在课堂期间不再随意说话、到处乱蹿以及和男生们调情。

我患有被医生认为是严重的注意力缺陷障碍症(ADD)。在那个年代，并不是很流行给孩子们开利他林，但是我的小学确实试图让我的父母给我开这种药。我的父母拒绝了；毕竟，我并不是注意力不足，我只是有非常充足的精力。整天在山上跑来跑去比坐在室内的桌子前更适合我得多。

我五年级的一位老师甚至让我单独坐在一个小桌旁，因为我太爱说话，打扰到其他学生了。其他学生坐在一个六人的小岛上，而我坐在一个一人的小岛上。但这一策略并不奏效；我会更大声说话，好让其他桌的孩子听到我的声音。可怜的老师。

三年级的一天，我正在享受我最喜欢的科目（除了课间休息）——体育课。我们在外面的操场上，那是教学楼前面的一大片柏油路。我们在玩踢球，我的位置是三垒，我很喜欢，因为我可以和我的朋友们一起摇摆，想怎么大声和活跃就怎么来。

当我在三垒上跳来跳去的时候，我环顾四周，发现自己正凝视着我所见过的最大的飞机。它和整个操场一样大，大概有四分之一英里。那家伙整个都是银色的，没有翅膀、也没有窗户，飞得离地面很近。它看起来就像一支巨大的雪茄。

我完全被它迷住了。我看着它，它似乎吸收了我周围的所有声音。虽然我仍然可以看到我的同学，但我再也听不见他们了。这东西发出的能量伸手可触，而且很浓厚。我还注意到，其他人似乎都没有注意到在我们操场上方的这个大块头来访者。

我开始指着它又跳又叫，让大家都来看。但似乎没有人听到或看到我的兴奋。我喊得那么大声，差点把自己喊出心脏病来，还是没有人听见。其他人都没有注意到这支会飞的雪茄，不久它就消失得和出现时一样快。回想起来，我现在才意识到我看到了一个不明飞行物（UFO）。这不是我第一次看到不明飞行物，也不会是最后一次。

我不知道它在那里做什么，也不知道为什么只有我一个人注意到了它。很明显，它在查看我们，但我希望我能有更强的意识，这样我就可以用一种我能记住的方式与他们交流。

与成人相比，这类事情似乎更多发生在孩子身上。我不确定为什么会这样，但最终看来我们似乎只看到了我们允许自己看到的东西。那么，我们允许自己看到什么又是如何决定的呢？

几年后，当我十三岁的时候，我读了一本关于先进意识和外星人的智慧的书。几个月来，我一直敞开着卧室的法式门，希望它们能来把我从这个世界上所有的悲伤和痛苦中带走。唉，他们从来没有来过——至少据我所知没有。

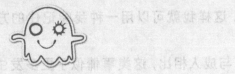

令人愉快的古英格兰

在我八岁时，我的生父认为带我去伦敦见见我的奶奶和姑妈们是个好主意。至少我认为这是所发生的事情。不然就是我妈让他带我去的。在此之前，我还没有见过我亲生父亲的家人。

自从七十年代中期离开英国后，他就再没回过英国。他对自己的出生地几乎没有什么亲切感。他公开表示不喜欢英国的天气，似乎对自己出生于的文化感到震惊。在离开近二十年后，他带着一个年幼的女儿回来了。

我们和我的新奶奶住在伦敦北部的亨顿。她住在一排又一排看起来一模一样的四、五层砖砌楼房里。可以毫不夸张地说，这些建筑令人非常压抑；在英国闻名世界的气候下，饱经风吹雨打，住着一群极度不快乐的人。

我花了些日子在奶奶家狭窄的走廊里补习舞蹈，也在陡峭的楼梯里上蹿下跳，看看我一次可以跳多少级台阶；我还跑到水泥操场上玩耍,那地方看上去更像是一个人人都放弃了自己的喜悦与希望、留下它黯然消亡的地方。我不在乎;我当时八岁,又有着严重的多动症,我可以找到一个富有创意的、有趣的方式来玩带刺的铁丝网。

在奶奶家附近,还有一座古老的诺曼式教堂,它的墓地可以追溯到十一世纪。我来自加利福尼亚,从来没有见过这么古老的东西。我为此感到不安。它很漂亮,但我一点也不喜欢它。它有无形的力量在里面穿梭移动;我能看到它们,感觉到它们,但我不知道它们想要什么,也不知道如何和它们在一起。到处都是灵体,我真的是指到处都是。这是我第一次来到这么古老的地方。出于明显的原因,旧世界国家的灵体比新世界的要多。

当父亲和我在去商店的路上经过教堂墓地时,我总是用眼角的余光警惕地观察着。我知道,如果我走过而没有保持警觉的眼睛,灵体们会奚落我,并伸出他们食指触摸我。这有点像知道有什么东西在那里,但同时不知道,但仍然足够知道来感觉得到它。这样说能明白吗?

墓地里到处都是墓碑。在我看来,这就像是某个巨人在玩挑棍子游戏,然后把它们随意扔在地上。墓碑上长着绿色和金色的地衣,上面的文字磨损得难以辨认。

父亲喜欢时不时地在墓地里散步,因为那里的景色毕竟非常美丽。在伦敦郊区灰蒙蒙的楼房和阴冷潮湿的街道之间,那里可以说是一块绿洲。我不能因为他喜欢这样而对他有成见；这些古树蓊蓊郁郁、斜枝横逸、绿树林荫。当他在墓地里散步时，我会背靠着一棵树站着，瞪大眼睛，等待着我们可以离开的那一刻。如果我不背靠着一棵树，我会觉得好像有人站在我身后。然而，每次我回头看的时候，一个人也没有。那些看不见的人会轻拍我的肩膀，凑到我的耳边低语，不断制造出一种莫名的妄想症。

没过多久，我就再也不愿走近那个教堂或它的墓地了。我们甚至想出了另一条去商店的路线，因为我坚决反对去靠近教堂的任何地方。

如果我可怜的父亲知道如何和我谈论鬼的话，我们俩就不会有那么多麻烦了。如果他知道怎么跟我说话，承认我的感知是真实的，我们俩就不会发生这么多奇怪的事了。

但是，我后来发现，当我父亲年轻的时候，他和我一样。小时候，他也见过脱离身体的存有，但没人教他如何运用他的天赋、如何与鬼对话或打交道。由于别人不愿意承认他所觉察到的东西，他渐渐变得不为所动和强硬起来。人们不相信他所说的他看到的东西，他便开始怀疑自己。所以，当我来到这世界的时候，感知这类事情的大门已经为他封锁上了，钥匙也藏在一个连他自己都遗忘了的地方。

令我作呕的幽灵们

我的第一次伦敦之行使我见识到了许多新鲜的事物。我见到了我父亲所有的犹太家人，吃了切碎的肝脏（第一次也是最后一次），庆祝了我的第一个犹太节日。晚宴仪式结束后，我和我的表兄妹们被放了出来，在附近的街道上闲逛。我觉得这很棒。

我的父亲生长在一个传统的犹太家庭，但当他来到美国海岸时，他已经把自己的宗教信仰抛在了身后。直到我第一次去伦敦，我才知道我的父亲会讲和阅读希伯来语。

上帝保佑我的父亲，除了让我有机会见到我的英国家人之外，他还带我游览了伦敦的一些历史古迹。我们首先去了伦敦塔。当我们离开祖母的公寓，冒险进入城市时，我不知道等待我的将是什么，但说真的，我对这座塔的记忆并不那么美好。作为一个孩子，我没有太多的历史兴趣或好奇心。去那里只是和我爸爸一起出去的一天。我只是在所有的喧嚣中不得不和他在一起。

如果你不知道，伦敦塔是一座监狱，在那里，许多皇室成员遭受了可怕的折磨和处决。被送到伦敦塔意味着你是一个了不起的人，但也意味着你死翘翘了。

在伦敦一个阳光明媚的下午，我是不会选择去那里的，但我们还是去了。

在塔外的庭院和人行道上，有很多游客，很难注意到有什么不寻常的地方，但走进塔内的建筑，四周的墙壁会告诉你很多故事。

父亲最近告诉我，在他小时候，他的一个朋友是塔上乌鸦守护员的儿子。乌鸦是英国君主制的象征。如果一只乌鸦死了或飞走了，那就意味着君主制正在瓦解。所以，你可以想象让这些鸟儿活着是一项多么至关重要的工作。父亲会去找他住在伦敦塔里的朋友玩。那是在伦敦塔成为旅游景点之前。我的父亲会被允许通过堡垒的大门，他会独自走到他的朋友及其父亲住的地方。他不得不通过一座桥，十九世纪被囚禁在笼子里的犯人们就在这座桥上被沉入水中淹死。父亲告诉我，他会全速跑过这座桥，因为那对他来说简直太可怕了。

父亲小时候在那座塔上见过很多鬼，但是当我（这辈子）第一次来那座塔时，他完全没想起这些记忆——当它们可以如此有用时。

我们在几个巨大的石塔中进进出出，直到来到一个对我来说真的很艰难的地方。我们来到一条长长的、黑暗的走廊，里面陈列着一排排的盔甲。在我们到达这条走廊之前，我就已经感觉到那里的灵体们了。当我们走近走廊时，我变得越来越紧张，感到恶心。如果我有能力，我会立即要求离开，但我不可能做到。我的嘴巴僵住了，说不出话来，我在能量上被使劲拉着往前走。我的眼睛瞪得大大的，我被拖进了一个毫无生存希望的黑暗的地方。回首这一切，我现在才意识到，我当时觉察到了那些被判在那里死去的鬼魂们的想法和感受。虽然这些死刑犯的身体早已逝去，但他们的灵魂仍住在大厅和房间里。这个地方充满了幽鬼，它们不是在哀悼的状态中，就是在对几百年前经历过的死亡的不可撼动的恐惧中阴森出现。

如果这让你感到震惊或难以理解，想象一下八岁的我在小靴子里发抖时的感受吧。

当我们进入长廊时，我记得我心里在想，"这是个非常糟糕的主意。"

在我还没来得及警告父亲我有尿裤子的危险之前，我就已经吓得尿了出来。我的身体失去了控制。我只能站着不动了。当父亲把我拽到走廊尽头时，我又开始了呕吐。他想找个地方帮我收拾烂摊子，但我却把事情搞得更糟。在我们从塔的另一端出去之前，我胃里的东西已经沿着石头地板溅了一地，而且还巧妙地洒到了几套幸运的盔甲上。

我的父亲震惊了，还有点羞愧；他把我扶起来，以最快的速度飞出了大楼。我很痛苦，呻吟道："我不想待在这儿。"

我被扛着穿过院子朝出口走去；我记得自己越过爸爸的肩膀，看着乌鸦在草地上啄食。我在谵妄中凝视着这一切，我在想，人们怎么能带着这样巨大的悲伤生活呢？这地方充满了悲伤，我觉得我都要被它压垮了。在这里的每个人怎么可能看起来都玩的很开心呢？难道他们看不到这些刑杀和悲伤吗？为什么没有人对此做点什么呢？

这种本能反应对我来说太常见了。随着年龄的增长，我能够减轻这种恶心，但它反而会表现为心理上的冲突和不端行为。伦敦塔惨案的暴力和那些恐怖的死亡本质造成了我内在的疾病状态。我没有生病；我感知到了在那里发生的疾病。

不知何故，父亲并没有因为去伦敦塔而气馁，几天后，他带我去了威斯敏斯特大教堂。这里埋葬了三千多人。他们当中有11世纪以来统治英国的国王和王后，还有许多伟大的政治家、诗人和最受尊敬和爱戴的思想家。

威斯敏斯特大教堂的宏伟壮观可谓难以描述。简单地说，它超级的巨大！它是如此之高，以至于在里面闲逛的人看起来像是蚂蚁一般；它是如此的巨大，令伦敦的红色双层巴士看起来就像火柴盒一样。

当我们爬上通往大教堂的台阶时，我感到一种难以抗拒的恐惧和恶心。"哎呀，"我心想："又来了。"一个葬有三千人的露天墓地肯定是强烈的，但把所有这些坟墓都埋在一个巨大的固体结构中，似乎让能量更难消散——更不用说那些躺在地下墓穴中的人们被加诸的重要意义了。如果你把建造大教堂的所有石头都称一称，再加上一万亿公斤，那就是我当时的感觉。

当我走近苏格兰玛丽女王的坟墓时，恐惧和恶心的感觉加剧了。我脸色一片青白，我拉住爸爸的袖子，让他知道我不舒服。一分钟后，我吐在了大教堂的地板上。又来了！我一步也走不动了。

在威斯敏斯特，我猜测我的反应与诸多埋葬在那里的人们的暴力和可怕的死亡方式有关。苏格兰的玛丽女王最终还是被处决了；你能想象她的感受吗？嗯，我可以，而这足以让你想要呕吐了。

我离开英国时毫发未损，只是瘦了几磅。

闹鬼的木箱

时光流逝，我继续着我的生活，像所有的孩子一样成长。一天，加利带回家一个旧木箱，把它放在客厅里。那时加利在做古董生意，他会把店里不好卖的各式古董带回家，要么修理它们，要么给店里腾出地方卖其他东西。就在这个时候，我的父母真正开始意识到鬼和我之间到底发生了什么。

他把稀奇古怪的东西带回家来是很稀松平常的事情。作为一个古董商，他不拘一格、广纳博收的品味在后来的那些年里常常受到我和我的兄弟们的揶揄和嘲笑。我们把我们的房子称为"爸爸的博物馆"。加利会狡黠地笑着，提醒我们，这些稀奇古怪、花里胡哨的东西构成了我们的遗产，是我们会得到的全部。

在这之前，我并没有说太多我看到的东西，因为它对我来说没什么大不了的。我觉得这没什么好提的，就像你不会到处告诉别人天空是蓝色的。它是蓝色的，大家都知道，这就是我对灵体的看法；它们就在那里，每个人都知道。

但就是在这个时候，我开始大声说出来，因为我越来越难以将灵之世界与"真实"的世界相重叠。

鬼就在那里，而不是我想和它们在一起，我开始不希望它们在那里。不知不觉中，我开始染上了别人对鬼的偏见和厌恶。也因此，它们开始变得可怕起来。

我一看到那箱子，就不喜欢它。并不是我害怕它；我只是不想和它共处一室。我对此感到非常犹豫。当我走近它的时候，我会从侧面看它，就像一只猫会放慢速度，看看可能有什么威胁。

我的卧室在客厅的一边，我父母的卧室和厨房则在另一边。所以，每当我想从房子的一边走到另一边时，我都得经过这只箱子。冷静地走过去是不可能的；我总是拼命跑过它。

我从来没有意识到为什么木箱这么困扰我，直到加利问我为什么一直抱怨它。然后我脱口而出："那上面坐着一个疯女人。"

直到我大声说出来，我才完全承认了这一点。

坐在箱顶上的那个女人，与其说是疯了，不如说是泪流满面、歇斯底里。她一直在问她的婚纱在哪里。

当加利问我她到底是谁时，我不知道该如何回答他的问题。

他建议我直接问那个女人是谁。我照做了。她的回答直接来到我，仿佛我脑袋里装了个收音机。她的名字叫珍妮。

听到这，加利走到电话前，给卖给他木箱的那位女士打了个电话，看是否能打听到有关木箱的消息。

那位女士说箱子是她姨妈的，名字叫杰西；杰西曾把她的婚纱存放在这箱子里面。这太令人震惊了！这名字和我听到的不完全一致，却非常相近。

加利问电话那头的女士婚纱是否还在、在哪里，却没有告诉她自己是如何以及为什么知道木箱里曾经有一件婚纱。她几乎没有注意到他还知道她没有告诉他的关于箱子的信息。她说她觉得婚纱在杰西的女儿那里。

加利挂了电话后，让我告诉杰西婚纱在她女儿那里，我同意了。我还没来得及想好怎么告诉杰西，她就走了。我还没来得及说，她就已经收到了信息，更不用说用嘴了，而是用我的头脑。这是我第一次意识到与灵体的沟通有多快。杰西以我最快的速度接收到了我要说的全部信息，而不是和我讨论所有的事情。在我意识到自己有想法之前，她就已经听到了我的想法。思考是一个如此缓慢的过程；知晓和接收则比闪电还要迅捷快速。

在加利的帮助下，我通过倾听和提供她对问题的简单回答，释放了我的第一个灵体。

我不知道为什么杰西不知道她的婚纱在哪里，以及为什么加利和我费了那么大劲来找它。你可能会认为灵体会是无所不知的，或者能够比这边的我们获得更多的信息，但根本不是这样——而这是我对那个实相的第一次经历。仅仅因为某人脱离了身体，并不意味着他们比这边的我们更有能力或更能看到。灵体也会像人一样迷失和困惑。

感谢加利和这次机会，否则我很容易变成一个对家具歇斯底里的小疯孩儿。幸运的是我和杰西相遇并互相帮助。我帮助她意识到她不必永远坐在木箱上好奇她的婚纱哪儿去了，而她帮助我弄清楚，我真的确实是在看到和听到灵体，尽管我很多年后才完全承认这一点。

在这次清理（杰西离开）后不久，加利得以以一个很好的价格卖掉了那个木箱。在他拥有它的整整一年半时间里，他都没能卖掉它。任何东西不管它有多漂亮，如果有一个疯狂的灵体坐在上面，谁会想买它呢？人们看不见杰西，但他们能感觉到有什么东西把他们拒于木箱之外，即使他们说不出到底是怎么一回事。

毒品和酒精

我出生的时候，我哥哥亚当十一岁。一年后，在他十二岁时，他已经开始吸食烈性毒品了。亚当基本上是在十二岁左右离家出走、在洛杉矶的街头长大的。

我没有和亚当一起在家里长大。我和他的关系就是时不时地去看看他。与其说他是个哥哥，不如说他是个远房表哥。他在家里的时候，这段感情短暂而又苦乐参半。我拼命地爱着他，但不管别人为他做什么，他都得不到安宁。在他整个青少年时期，亚当进出过戒毒所、少管所，最后进了监狱。

亚当为什么选择这些？除了他的选择之外，我认为他还受到了灵体和恶魔的折磨，这些灵体和恶魔从未让他独处，并使他继续吸毒。他吸的毒品越多，他让之进入体内的灵体就越多。

许多头脑清醒的人用毒品和酒精来屏蔽他们的感知，就好像毒品会消除他们在头脑中听到的声音或他们从人们那里接收到的灵通信息。他们试图找到摆脱现有感知的方法。

我十几岁的时候也吸过毒，主要是出于好奇，也是为了屏蔽我对灵体的感知。当然，这并没有奏效；这只会让事情变得更糟。你不能关闭天赋或能力，也不能让它消失；你只能对它变得无意识。关闭它、压抑它只会创造出它不在那里的幻觉。这似乎是有效的，但最终它会从任何隐藏它的地方爆发出来，以各种奇怪的方式流露表现。对我来说，隐藏它会导致很多沉重的情绪和愤怒。

我和亚当一起住在我的房间里，那时他会在离家出走或失踪多年后回到家里。我和他同住一个房间的那些夜晚，常常充满了恶魔和恐怖的噩梦。我会满身大汗地醒来，看到骨瘦如柴的哥哥正躺在我身边酣睡。在我们都还年少的时候，他的背上有一个巨大的纹身，是一个长着龙的翅膀和一个恶灵之头的人，就像《铁娘子》专辑里的生物。在那以后，他又用一个更具美感的日本主题来掩盖它。然而，在那些日子里，他背上的灵体一直盯着我，我被它的力量惊呆了。我只能想象亚当生活中有这么多灵体时的感觉（实际上我知道那是什么感觉——地狱）。亚当从未寻求过帮助，我们都眼睁睁看着我美丽的哥哥消失。取代他的是一个愤怒、暴力、痛苦的存有，这个存有把他逼到了一个我永远不知道也不想想象的深渊。

亚当是我第一次与暴力黑暗灵体打交道的经历。这并不会减少我对他的爱，也不会让我对他有更多的评判。和我哥哥在一起的经历让我有能力看到毒品和酒精对人的影响，以及它们随之会邀请什么进入身体。这一刻亚当还在，下一刻，另一个存有就会从他的眼睛里瞪出来。

那时我知道了他和灵体之间的区别，但我不确定他是否知道。我怀疑他离开这个家庭是为了不让我们看到他的恶魔。他让它们主宰他的生活，我猜他喜欢这样，否则他不会选择这样的生活。

恶魔是一种灵体，通常被描述为一个恶毒的灵；然而，恶魔（demon）这个词最初是demon，是由希腊语拉丁化而来的。恶魔是一个或好或坏的灵，或是一个不清晰的灵，或者简单地说，一个灵。后来，随着基督教的传播，恶魔的负面含义才出现。在希腊神话中，守护神（demon）是介于人与神之间的。他们通常是死去的英雄的灵魂。就像很多东西一样，这个词的原始含义和定义已经随着时间的推移而丢失和扭曲了。

我认为恶魔实际上是人们用来为自己的选择和无意识辩护的东西。当然，灵体可以影响人，就像人可以影响灵体一样。但是人们做出的选择和采取的行动仍然是他们的选择。说灵体占据他们或者他们有恶魔完全是忽视了人自己的责任。

然而，嗑食毒品和酒精可以并且将会招引那些喜欢毒品和酒精能量的灵体们到一个人周围。它可以是吸毒过量者或酗酒者的灵体。它们已经没有身体了，但它们对吸毒和酗酒很感兴趣。因此，它们会找到一个可以透过来吸食毒品和酒精的身体。

我讲这个故事是为了说明毒品和酒精对一个人和生活的影

响。使用毒品和酒精会将你敞开于无意识和反意识的灵体。我说的"吸毒"指的是娱乐性和治疗性药物。当我说到饮酒时，我指的是摄入足够多的酒精来让你变得无觉察和不临在。

每次你选择毒品或酒精，你就在关闭宇宙能够指引你和提供给你东西的通道。随之而来的也会有大量的并不把你的最佳利益放在心上的无意识和反意识存有们。

这就是为什么有些人看起来很恐怖，或者周围好像有阴影的原因。这个人并不令人毛骨悚然；是他们周围的灵体在制造这种氛围。

如果你知道某人是个重度酗酒者或重度吸毒者，无论他们如何努力都无法停下来，那么他们很有可能有想喝酒或吸毒的灵体附着在他们身上。并不是人想喝酒，而是灵体想喝酒。这灵体不断地向人的身体传递喝酒或吸毒的信息。清除这灵体后，这个人就会更容易戒毒戒酒。

一个长期酗酒或吸毒的人可能有多达成千上万个灵体附着在他或她的身上。这些灵体可以被清除，但如果人们继续做出无意识的选择，他们可以很容易把它们拉回来或者吸引更多。

有些人喜欢他们的无意识灵体；这些灵体让他们感到熟悉和舒适。如果你通过清理或其他方式把这些灵体拿走，这个人会感到不舒服或孤独。选择就是选择。你可能认为这个人没有毒品、酒精和烈酒会过得更好，但这个人可能根本就不同意。

成人礼

如果我们都被赋予力量来变得如自己想要的那样伟大,并被告知我们没有错也没有对,而是超越我们最狂野的梦想般那样伟大,这世界将会成为怎样?

我经常深入思考青少年的世界。青少年仍然握有童年的钥匙,代表着即将到来的成年的力量。他们充满了青春的活力,他们开始掌握这个世界的规则。一些青少年可以轻松地度过这段时间,享受他们的"成年期",而另一些则在苦苦挣扎。

我相信青少年是这个星球上最强大的人。一个被赋予力量的青少年是一份不可忽视的力量。他们还没有完全屈服于这一实相的种种限制。一个没有被赋能的青少年也是一份不可忽视的力量,尽管它可能是一份具有破坏性的、不那么令人愉快的力量。

如果你做一项关于人们如何回忆他们青少年时期的调查。你会收到很多不同的回复。对我来说,作为一个青少年就像地狱一样。如果我能跳过这段人生，我会跳过的。

高中生活是一种折磨，而且无聊得让人麻木。他们根本没有教我我感兴趣的东西或是对我重要的东西。

当我进入青少年时期时，一个奇怪的异常发生在我身上。随着十三四岁年纪的到来，我的生活开始变得越来越艰难，就像青少年往往会遭遇的一样。我内心有一种强烈的、奇怪的感觉，我无法理解它，也无法质疑它。我只是慢慢变得乖戾和痛苦。我不明白我的家人和我有多么不同。在接下来的十年里，我试图融入其他人，却没有意识到这是我在努力做的事情。

尽管加利每周都有通灵聚会，人们会来到家中，坐在一个昏暗的房间里，拉兹普廷通过他说话，但我并没有四处走动，向世界承认我看到和听到了灵体。在我看来，这是我父母所感兴趣的事情。我对我父母的所作所为并没有什么看法，但我很快开始关心我的朋友们对我的看法。我只是想扮酷，受人喜欢。

我不会宣传或与朋友分享加利的所作所为；我只是不想谈这件事。我从来没有反对过；我只是不想应对别人对我父母感兴趣的东西的评判和担忧。在他们十几岁的时候，他们的父母又有哪一个不会让他们感到难堪呢？

我尽我最大的努力去切断我所有超自然的感知，到十五岁时，我以为我和其他人一样生活在一个世界里。唯一障碍着我的是我变得越来越愤怒、越来越抑郁。我的父母努力以我会允许他们帮助我的所有方式来帮助我，但是我很固执，我不想听他们的话，也不想接受他们的任何帮助。

现在，我可以带着觉察回顾过去，看到愤怒和抑郁是我抵制和否认自己听到了死人的声音的结果。与这些感知作斗争只是把它们扭曲成了各种强烈的感觉。说我很难过要比说我在和死人说话容易。关于我是谁，什么对我是真实的，我一直在欺骗着自己。我无法让我的感知契合进我以为我所生活在其中的世界。我不想成为那种怪胎。

在我十几岁的时候，我意识到这个世界作为一个整体是不会公开接受那些和鬼说话的人的。如果我告诉别人我看到或听到了灵体，我可能会受到无情的评判，而如果我生活在另一个时代或国家，我可能会受到伤害或像女巫一样被猎杀。

在高中，你学的是代数，而不是学习"理解通灵能量和与灵体沟通101"。后者对我更有帮助。当你的脑子里日夜都在想着逝者未竟的事业时，谁还需要知道毕达哥拉斯理论呢？我还想去霍格沃茨呢。

我唯一喜欢的课是艺术课。十几岁时，我脾气暴躁、非常爱发火，我以为我如此讨厌每一个人，交朋友根本不是我优先考虑的事儿。奇怪的是，我高中时最好的两个朋友都是重生的基督徒；具有讽刺意味的是，我知道。他们对自己的家庭和教堂都非常投入，但出于某种原因，这从未影响到我们这个小圈子。我们并不在乎对方的家庭生活是怎样的，在他们身边对我来说很轻松。我们都是艺术极客，相处得如三个古怪、愤怒、内向的青少年能够的那样好。我几乎没见过他们的父母，这很奇怪，因为我们几乎每天醒着的时候都混在一起。

我们从未参加过学校的舞会或集会，我甚至没有参加自己的毕业典礼。我无法忍受和大多数人呆在一起，尤其是一大群人。为此，我非常评判自己。说我反社会都算是轻描淡写。我在脑海里退缩到遥远的地方，屏住呼吸，希望和等待着生命从我身边走过和结束。

我和继兄斯凯从二年级起就在同一个班里，但到十一年级的时候，他在学校出现的次数越来越少了。终于有一天，他再也不来上学了。我很想跟着他，但这对我来说可不那么容易做到。斯凯住在他妈妈家，她让他想做什么就做什么。那时，我和加利住在我妈妈家，她不同意我离开学校。所以我留在学校，因为我害怕妈妈生气。

为了完成学业，我在脑海中恍惚地进入了一个荒无人烟的乡村。我变得越来越不临在，以逃避（原谅我的抓马）不得不日复一日地做一些与我作为一个存有无关的事情的痛苦；这更多的是把我变成机器人，让我得到和其他人一样的答案。

我的典型行为在令人麻痹的悲伤和极度狂乱的喜悦之间摇摆，其间夹杂着攻击性和愤怒的爆发。如果我咨询过精神科医生，我肯定会被诊断为躁郁症，但这并不能解释当时发生了什么，就我现在的理解而言。

我得了我幽默地称之为的"通灵抽动症"。如果我周围有人在压抑某种愤怒或悲伤的感觉，我会帮他的忙，把它表达出来！我是不是很好？结果是，我最后表现得像个彻头彻尾的废人。一直以来，我都在想我一定是出了什么毛病，因为我无法控制"我"的情绪。所以我做了其他任何一个听到死人声音的过度敏感的青少年都会做的事，我开始吸毒。毒品暂时关闭了声音，减轻了所有的沉重。他们向我展示了一个魔法可以是可能的世界。

我不建议也不主张药物是对任何事物的解决方案或答案。意识会带给你真正的兴奋。药物是一种人造的、虚假的兴奋感，通常会让你比最初更失落。正如我之前所说的，它们还可以导致一个人引入更多的灵体。它们看起来很有趣，但它们暂时带来的快感远远抵不上它们对一个人造成的伤害。

我茫然地从高中毕业，在那个夏天结束时，我搬到了纽约布鲁克林区的一所艺术学校。想象一下十七岁的小小通灵者——我——在纽约的大街上游荡。我觉得我在纽约没有一分钟不是在嗑药的；我能找到回家的路简直是个奇迹。我似乎无法承受我在这个世界上所经历的一切。我更喜欢退回到由我的毒品诱导的幻觉中；在那里，无论如何，一切都是更好的。

具有讽刺意味的是，正是在这段时间里，我开始敞开找到加利进行越来越多的个案引导。

Access

1991 年的一天，我大约十一岁的时候，加利接到了一位住在纽约的客户打来的电话。那个家伙问加利能不能飞过去做个通过通灵引导的按摩。加利问他："我能得到多少酬劳，还有我要触碰你吗？"我不确定具体是多少钱，但这位客户向加利保证，他不用做按摩；他会通灵并告诉按摩疗愈师该怎么做。加利同意了，乘飞机去了纽约。就是在这个个案中，第一个 Access Consciousness 的工具通灵诞生了。Access 将由此成为加利毕生的工作，并为我提供空间，让我成为今天的我。

1992 年，在一个温暖的夏夜，加利在圣巴巴拉住宅后面的车库工作室通灵了第一堂 Access 课程。一共有四个人参加了这最初的第一堂课。这些课程中的素材已经成为了 Access 的基础工具。

通灵之后，加利自己重听课堂录音来学习那些程序和信息。他解释说，他必须听录音，因为当他通灵时，他就像站在一条长长的走廊外，远离着他的身体。刚开始的时候，他经常不记得他在课程中通灵了什么。随着时间的推移，情况发生了变化，但刚开始的时候，他不太记得什么。

当加利开始通灵的时候，他谈论的第一样东西是Bars。这种被称为"Bars"的手触程序是运用一种轻触头部的方式，接触对应一个人生命的不同领域的不同点位。例如，有喜悦、悲伤、身体和性、觉识力、善意、感恩、和平及平静等点位。甚至还有一个金钱点位。它们被称为bars（条，带），因为它们实际上是从你头的一边延伸到另一边。通过轻柔地触摸这些点位，我们就释放了与此领域有关的所有累积的想法、感觉、情绪、思虑和评判。一次Bars个案可以释放五千年到一万年的思虑。你能想象那是什么样子吗？

嗯，让我告诉你，你起床后感觉轻松多了。有一些你自己甚至都不知道在困扰着你的东西都被清理掉，直到彻底消失。从本质上说，运行Bars能让你更加清晰和最终富有意识。

当我们感觉糟糕、难过或有某个评判的时候，把我们的手指放在这些bars点位上就会释放出我们在我们的能量场中生成的电磁元件。现在科学也在声明，通过不断重复相同的想法或经历，我们会强化我们的大脑。到了五六岁的时候，我们改变的空间就很小了；我们已经固化了我们的大脑。这被称为神经突触通路。

起初我不知道在这些Bars个案期间或之后发生了什么，但我做得越多，我越意识到我的性格和生活在发生的巨大变化。我开始感到更轻盈和快乐、与别人在一起时更加舒服，而且我知道别人在我身边也更加轻松了。

第一次做Bars的时候，我睡得很沉，或者我以为当时我在睡觉。这并不是晚上睡觉时的那种睡眠；这是一个梦幻般的空间化的地方，我可以听到周围发生的所有一切。我的身体处于一种深度放松的状态，我把这种状态等同于睡眠，因为我以前从未有过这种感觉。

当我从不知何处回到我的身体时，我躺在按摩床上；加利完成了通灵，他冲我笑着。我想动一动，可是站不起来；我的身体动弹不得，所以我就躺在那里，好像躺了好多年才回到现实中。当我终于能站起来的时候，我的脚着地，差点摔倒。我身体里的一切都转变了；我的本体感觉发生了变化。我还不习惯我的新身体。一切都轻得多；事实上，我感到头晕目眩。我不知道自己在这种状态下该怎么办，于是找了个借口，跌跌撞撞地上了床。

直到数年之后，我才看到Access为加利带来的动态变化，以及直到我绝望的时候，我才真正对Access感兴趣。Access成了一个我甚至没有意识到的我在请求的奇迹。

1998年，当我还住在纽约的时候，加利来到这个城市，在一个健康和灵媒展会上参展。我跑来看他。他和其他几个人在运行Bars，向人们介绍Access。他邀请我躺在桌子上，给我运行Bars，很快眼泪涌了出来，我哭了。接下来我知道的是，我哭得很厉害，不管我觉得有多尴尬，我都无法停止哭泣。泪水就这么突然冒出来，我根本无法控制自己。与此同时，加利继续运行着我的Bars并告诉我没关系，让我释放出来就好，所以我就这么做了。这一切终于过去了，加利运行完了我的Bars，我坐了起来，感觉好像多年来从未有过的轻松和清醒。我甚至没有注意到我之前有多么沉重，直到那一切都消失了，不管"那一切"是什么。

我调整了一下自己的姿势，给了每个人一个拥抱，尤其是加利。我乘地铁回家，我住在上西区，因为我早上有一节课。展会在34号大街举行，如果你不了解纽约市，它是曼哈顿最繁忙的街道之一。我走出大楼的门，沿着街区走向地铁站，但在路上我注意到一位妇女站在路边宽阔的人行道上。她俯身在捡什么东西，我看向那是什么，然后立即惊呆了。就在曼哈顿正中央的34号大街的地上，有好多百元大钞从一本支票簿里冒出来。当我注意到我正在看的是什么时，弯腰看向这些钱的那个女人抬头看着我，眼里带着恳求的神情。我走到她身边，我们都站在那里盯着钱看。其他几百人在街上走来走去，都没有注意到。纽约在这方面很有趣；这城市里有那么多人，却没有一个人看见任何的东西。你躺在那里要死了，人们也只会从你的身上一跨而过。

那位女士看着我，告诉我她被吓坏了，我应该处理这情形。这是她一字不差说的话。说完，她就走了。我不骗你；她说她被吓到了。我想，"妈的，我要了！"我把所有东西都捧起来装进包里，匆匆奔向地铁，希望没有人在后面追我。

我安全地回到了自己的房间，关上门，拿出现金检查我的发现。我头一回数了下，一共有 800 美元。

事情是，钱是放在支票簿里的，你瞧，上面还有那个女人的姓名和地址，但没有电话号码。

她住在佛蒙特州。我考虑了我的两个选择。我可以把钱留下来，但我知道在那种情况下我不会真的喜欢它，或者我可以把它还回去。我决定给那个地址写封信，让她知道我捡到了那笔钱，如果三周后还没收到她的信，我就把钱留着。如果我收到回信，我会寄给她的。

两周后，我那酷酷的淡蓝色复古电话响了，佛蒙特小姐来电了。她兴高采烈地说，我找到那笔钱是多么不可思议，而且我提出把钱还给她，让她重拾了对人类的信心。我心想，这是一个很好的奖励，信心的恢复。她让我留下200美元作为酬谢，这很讽刺，因为我正好刚花了200美元买大麻。

几周后，我和其中一位跟加利学过Access的女士约好了见面。她也去过那次灵媒展会。她是一位指压治疗师，我是要去做治疗。巧合的是，她最后跟我学了Access，这很好。当我离开她的办公室时，我感觉自己更轻松、更扩展了。我乘电梯下到一楼，门开到大厅时，我对面有一辆看门人的手推车，上面有一个超大的干净垃圾袋，装满了垃圾。我正要绕过它时发现了什么东西，一张20美元的钞票从袋子的底部盯着我。我想了想，"怎么了，你好啊"，然后用手指在袋子上戳了一个小洞，把

20美元救了出来，就上路了。

直到多年后我才意识到，这些金钱的发现是我做Access和能够从宇宙中接收更多的直接结果。运用Access的种种工具改变了我内在的一些东西，然后事物像魔法一样展现。加利经常说："你没有钱的问题；你有接收的问题。如果你愿意接收更多，那么钱将是一份副产品。"

对我来说，事情开始发生改变，我完全意识到什么是可能的，以及我对灵体的能力只是个时间问题而已。

当我在纽约的第一学年即将结束时，我决定搬回家。美国西海岸和东海岸有很大的不同，我想念我的家人和加州的天气。我决定转学到加利福尼亚的一所艺术学校。我搬到奥克兰，和旧金山隔着海湾，和我在圣巴巴拉的朋友们团聚，他们也在奥克兰上学。我还记得，当我坐着一架小飞机飞回圣巴巴拉的家时，我望着窗外哭了。降落在圣巴巴拉，你飞过大海，那是一片湛蓝、璀璨的海洋。我好想念加利福尼亚的阳光和大海的美丽。我在奥克兰上了学，搬到那里给艺术学校再一次机会。

那时，我发现自己越来越频繁地给加利打电话，寻求生活上的帮助。我真的开始注意到Access是有效的了，因为我可以歇斯底里地给加利打电话，而要不了多久，我就完全冷静了下来。当我挂掉打给加利的电话的时候，我已经不记得我当初为什么生气了。

我选择了从艺术学校退学，开始全身心学习Access。我妈妈不喜欢这样，但加利允许我做出选择。我知道我必须这么做。艺术学校很有趣，因为我可以把所有的时间都花在艺术创作上，但对我来说最难的部分是，它就像一个大型的、永不停止的派对。有些人可能认为这听起来很棒，但我越变得有意识，我就越难在毒品和酒精的周围。艺术家们比我认识的任何人都更热衷于派对，在他们的生活和思想中去向更奇怪的地方。当我变得更加有意识时，我也开始注意到我和学校里的任何人都没有真正的连接，其他人之间也没有真正的连接。我与我在Access中遇到的人则体验到一种我非常渴望的连接。我觉得自己完全没有被评判和被关心着，而且我上的课程越多，一切变得越快乐、越轻松。

我从奥克兰搬回圣巴巴拉，租了一套公寓，开始教我所有的朋友和其他有兴趣的人，如何运行Bars和做Access。

我越多做Access，我就变得越有觉察。不管我愿不愿意承认，我总是能感知到灵体，但我完全没有准备好，或者说我认为，我没有准备好接下来会发生什么。

灵体已经成为我生命的一部分的迹象是不可否认的。当它们试图引起我的注意时，它们会在我耳边低声细语，以及轻轻拍一下我的肩膀，这些是每天都会发生的事情。因为它们的存在，我家里总是雾蒙蒙的一片。有一天，就像电灯开关被打开一样，它们全都在那里。

那些灵体说："你好香农，已经有一阵子了……我们知道你一直在试图避开我们，而且你在某种程度上是成功的……但现在既然你选择了更有觉察，我们将会在更多的在你身边。"

我不情愿地说："好吧。对不起，我一直在忽略你们，但我直到现在才真正准备好。"

那些灵体简单回应道："让我们开始工作吧。"

第二章
新的领域

"一切皆有可能。唯有我们的
选择让我们远离了它。"

~ 加利·德格拉斯 ~

魔法森林，魔法地球

二十岁时，我第一次去了新西兰。加利在那里教十天的深化课程。我们在一个叫罗托鲁瓦的地方，离奥克兰以南大约三小时的路程。

罗托鲁瓦以其含硫的地热地下活动而闻名。我在那里的第一天，我跑过一条小溪，猜猜怎么着，水是热的！

上课的地方坐落在一片瑰丽无比的土地上。很多土地已经被清理出来用来放羊，所以有很多彩虹色起伏的山丘，边缘是茂密的深绿色森林。在其中一座连绵起伏的大山周围，有一条小路穿过《指环王》取景的一片森林，一直延伸到一个被施了魔法的碧玉色湖泊。

我发现这条路的第一天，并没有走它。我走到森林边缘，不知道为什么，转身去探索这片土地的其他部分。那天我找到了一根滑索。（在澳大利亚和新西兰，滑索被称为飞狐。它是一根很重的缆绳，通过滑轮和把手把你从高处拉到低处。）那天下午的大部分时间，我跑到山顶，双膝缩在胸前以最快的速度滑下来，然后再跑回来，再重复这一过程。我爱新西兰。

第二天和第三天，我又来到这条小路上，又一次没有进入森林。第四天，天气变得闷热起来，我心想，"我一定要去看看这个湖，游个泳。"

当我站在森林的边缘看着它时，我有一种非常奇怪的感觉，但我真的不知道那是什么。我只是迈开步伐，走进了森林的边缘。

我一走进树林里，明亮的晨光就变成了一片绿色的、几乎闪闪发光的薄雾。这些树又高又粗，枝繁叶茂。森林的地面覆盖着厚厚的一层蕨类植物。一些蕨类植物高耸在我的头顶，树干上长着鲜艳的绿色苔藓。鸟儿的叫声把我吸引进了森林深处；当我继续往里走的时候，我开始听到我发誓是笑声的声音，我仿佛感觉到一道道光芒在树枝间回旋闪烁。

我看到有什么东西从眼角闪过，但当我转过头去看时，什么也看不见了。有什么东西在小径上窜来窜去，就在我的视线之外。一开始我以为我只是被石头绊倒了，但后来我觉得我好像在被什么东西绊倒。

我大喊让它停下来，丝毫不知道自己在跟什么这样说，然后它确实停了下来。

我继续沿着小路走下去，最后来到了一个巨大的、浅绿色的湖泊，湖泊的周边大部分都被陡峭的高石墙包围着。我可以看到水的另一边，但它离的很远。我站在那里，沐浴着早晨的骄阳，欣赏着这个宁静、未被人触及、充满活力的地方的壮丽景色。我脱下鞋子，踮起脚尖站在水边。

虽然还只是清晨，我却感觉很热，很想把身体浸在清凉的水中，但有什么东西阻止我进入湖中。波光粼粼的水面似乎在告诉我什么东西。它不是认知层面的，但它把它的信息传递给了我。水里的精灵不想让我进去。当时我并没有在认知上想："哦，这湖里的精灵不想让我进去"，我只知道我不要下水。水很美，但也有一些令人恐怖和怪异的地方。

于是我便转身往回走，准备洗个澡然后去上课。

在路上，我发现自己停下来盯着树木周围的能量和从树叶中透出的令人着迷的东西。

那时候，我二十岁，刚从多年来试图不去觉察这类事情中走出来。在2000年夏天的一个炎热清晨，在新西兰的森林里，我并没有完全意识到我所知悉的一切。

有些东西开始穿透我。某种东西在我体内苏醒，改变着我。

我的手指开始发麻和发抖，我的头也变得轻飘飘的。我的视线开始扭曲和颤抖。我坐在小路上，不得不把手掌平放在地上,这时树间精灵的声音开始向我传来。它们咯咯地笑着,挠着我的脸颊。

如果我不了解情况,我会以为自己嗑药磕嗨了,但这是真的;这真的在发生着。我不能完全分辨它们在说什么,但这个自然之地的存有们正在进入到我的生命中来疗愈我、改变我,并向我展示另一种可能性。你可以叫它们仙女也罢、树精也好,随便你怎么称呼它们,这个地方充满了各种精灵。不是人的灵魂,而是更轻盈、更明亮、更闪耀、更伶俐的精灵们。

我开始看到另一个次元,在那里我的头脑毫无意义,我开始害怕起来。当恐惧到来时,所有的笑声和闪光都停止了,我知道我弄停了这一切。我很是懊恼,因为我失去了那种贯穿全身的美好感觉。同时,我也不确定我要去哪里,在那里我是否安全。我不知道如何让自己进入这个神奇之地并保持清醒。

然后它就像一吨砖头一样砸向我。我记得有一次我十八岁的时候,我和两个朋友一起走进圣巴巴拉的山里采食神奇蘑菇。我记得那段时光的逍遥,以及那些毒品带给我的与自然深深共融的地方。

那是我从小到大第一次看到并知道在水里和大自然里有精灵。我和朋友们在小溪边找了个地方,那儿有大石头可以坐。我花了大半天时间蹲在小溪中一个深深的弯折形成的水潭边。我唯一能做的就是盯着水面看,然后说,"你看到那个了吗?你看到那个了吗?"但是没有人听到我说的话。我的朋友们去爬树了。那天在圣巴巴拉的小溪里的精灵唤起了我以前从未有过的感觉。这是一种知晓一切的感觉，从亘古到无处不在。那是一种深深的合一与平和感，没有任何的感觉或念头附着其上，只有令人赞叹的无限空间。我不知道看到和感觉到水里的精灵是可怕还是迷人的。我被迷住了，不能走开，也不能走进水里。我就坐在小溪边的泥土和树叶上，我的意识进入到那深深的水中，越陷越深，真的完全被震撼了。

太阳落山和蘑菇消失后，我完全忘记了那些水中精灵，直到我坐在新西兰这片森林的地上。

这一切都在我脑海中浮现，在这里我仿佛被打开了与大自然的深度共融的大门，不需要借助药物。大地母亲向我展示了她的魔法，她的小生灵们走出来迎接我。它们似乎知道我已经准备好了——但我自己不那么肯定。

我开始再次放松进入到那股闪闪发光的能量里，接着我醒来时，发现自己浑身酸痛，浑身湿漉漉地躺在森林的地面上。有一段时间我不知道自己身在何处，我花了似乎永远的时间才醒悟过来。我头晕目眩，就是不想起身。

我坐在那里发呆，开始注意到我周围的植物散发出一种奇怪的光芒。然后有什么东西让我注意到，天已经渐渐黑了，我可能最好在暮光消失之前起身。我踉踉跄跄地站起身来，沿着林中小路慢慢地步行回去。

当我来到森林的边缘时，我伫立在那里，不知道是否想要回到人类的土地上。我觉得自己是被迫回到人们那里的，而我讨厌这样，但我也知道我不能待在树林里。我知道那不是我的地方。

当我走出森林时，我注意到不仅森林里的植物在发光，所有的草也在发光，甚至远处的建筑物也闪烁着微弱的彩虹色的光芒。

大约过了十天，那亮光才消失，之后只有树木植物和花朵发出亮光；当然，有时还有有意识的人们。

那次旅行结束时，加利给了我一条用骨头雕刻的半龙半鱼项链。我问他那是什么，他告诉我那是毛利人所说的塔尼瓦，一种水中精灵。我心想："哦，一定是那湖里的东西。"

所以许多土著文化不仅相信水里有神灵，他们还相信他们祖先的神灵。

例如，巴厘岛人相信水里住着恶灵。我不会说水灵是邪恶的；他们只是深沉和黑暗，而人们往往会避开这种东西。对这些人来说，世界上有神灵是一种常识。

在莎士比亚时代，大家都知道鬼魂是每个人日常生活的一部分，那些嘲笑鬼魂的人被认为是愚蠢的。

我们作为一个社会，就灵之世界而言来到了什么地方，对此我感到无尽的踌躇。我觉得有一天当我们回顾这段时光时，会说："还记得人们不相信鬼的那些年代吗？"就像我们现在说的："还记得他们以前认为地球是平的吗？"

朋友的父亲来拜访

　　从否认转变为全然舞动我的感知之剑可以说并不是一帆风顺的，这有点像是爬山。向上攀爬的过程很难，但你知道当你抵达山顶时，你将会心生欢喜。第一步是承认山就在那里。第二步是找出最佳的攀登地点。第三步是一旦开始就坚持下去。低头或回头对我来说是不可能的。即使这条路看起来太陡峭了，再往前走似乎也不堪忍受，但我知道回头会比继续走下去更加无聊和更加没有回报。

　　当我二十多岁的时候，我找到了更多的平和。

　　那时我遇到了我的第一个男朋友。他和我的室友一起在工地做木工。我的室友汤姆则是个电工。汤姆也有学Access，他邀请凯文——我的准男友来体验Bars。巧合的是，当凯文来敲门的时候，汤姆"忘记了"，正在洛杉矶。

　　凯文敲了门，我开了门，接下来的事大家都知道了。

凯文是我第一个正式的男朋友,他给我的生活带来了很多新东西,就像我给他带来的一样。他住在港口的一条船上,这对我来说很新鲜,我觉得这很棒。他教我驾驶帆船、解读塔罗牌,信不信由你,这些我以前从没玩过。

一天晚上,当我和凯文准备睡觉的时候,我注意到床边站着一个很强大的存有。它就像一根擎天巨柱般俯视着我。我无法逃避或否认它的存在,因为它太强烈了。以前我可以忽略它,现在我不能了。这让我很害怕,所以我试着用一些我从Access中学到的工具来清理它。

这些工具通常非常有效,但在这个情形里,它们没有任何的效果。我坚持清理着,希望那个存有会离开,但它依然强大地站在那里,盯着我看。

然后我继续问那个存有他(因为我知道他是一个男性灵体)想从我这里得到什么,但我仍然得不到我能理解的回答。

我一直问他在那里做什么,但毫无用处,我没有得到任何回应。

最终,由于沮丧和困倦,我放弃了。我睡觉的时候他就站在床边。我让凯文睡在他站的那一边,也没有告诉凯文我为什么想要换边睡。

第二天晚上,我们上床后,那个灵体又盯着我,要求我注意它。于是我又把清理的冗长程序重复了一遍，问他想要什么，但都无济于事，于是我又睡着了。

第三天晚上，当我们上床睡觉时，他又出现了，这时我浑身满是挫败感，所以我决定告诉凯文。

我尽我所能地告诉他站在床边的这个存有。

我说我试过帮他清理，但没成功。我告诉凯文，我搞不懂那家伙想对我说什么，然后凯文问："他想对话的人是你吗？"然后，天哪，就是这样，一切变得清清楚楚。

我一直问错了问题。这个存有不想和我说话。他想跟凯文说话，晕！而我要辅助这一切。

我对此持怀疑态度，但还是打算试一试，看看会发生什么。我尽了最大的努力不让自己的观点介入其中，只是为即将发生的事情充当话筒。

我不知道凯文会怎么做，但我必须抓住这个机会，看看这是否真的有意义。

我用怀疑的眼神看着凯文，问他这是不是真的发生了？他几乎是喜气洋洋地笑着说："当然。"他既充满渴望，又为我感到骄傲。他很想让我展示这种能力，这对我来说是个好消息。我意识到这并不是一件羞耻的事情，而是人们感兴趣的事情。这是我第一次遇到这样的人，鼓励我向别人展示我所看到的，并为那些没有被听到的人代言。

我说:"你父亲现在在这里,他说他很抱歉。"我尽可能快速地说着,不想让自己的头脑妨碍我说话。

听到我这句简单的话,凯文开始哭了起来。这使我们俩都大吃一惊;我们谁也没有料到会有这种情绪化的反应。我继续迅速地说下去,想趁我们都愿意的时候好好利用这个机会。他的父亲接着告诉凯文,他为他感到骄傲,并为从来没有陪在他身边而感到遗憾。

这是一个简单的信息,但已经足够了。凯文哭得泪流满面。

这是一个新发展。我本可以很容易地把这一切当作是我编造出来的,但凯文意想不到的、无法控制的情绪反应正是我所需要的全部认可。

凯文的父亲在世时,凯文和他父亲的关系并不好。他是个粗暴而又固执的男人,凯文很少提起他,但却一直在默默怨恨他。凯文是一个技艺高超的木匠和定制帆船制造者,在他的领域以他的精细做工和艺术而闻名。他的父亲从来没有对他的工作表现出任何兴趣,总是故意侮辱凯文,说他只是一个普通的劳动者。

在他父亲去世前的几年里,他们很少见面。父亲去世后,凯文也没有参加他的葬礼。

我和凯文在一起一年了，我从来没有在他身上看到过这些。这是一个全新的人，一个他一直让自己远离的人。他只是在闲谈中向我提到过几次他的父亲。我没有意识到他父亲对他的影响有多大，也没有意识到他把所有这些感受都憋在心里。

他的父亲也表示他对自己对待凯文母亲的方式感到抱歉，并问凯文是否能原谅他。

这次事件是给我们所有人的礼物。凯文的父亲一直在帮我，当我不明白他想要什么时，他总是拒绝离开。这教会了我，有时候灵体来找我们是因为它们想让我们把信息传递给其他人。

不知出于什么原因，那甚至不是我所说的话，而是透过我的话语得到传递的那股能量在产生着最大的影响。

我可以看到凯文和他父亲都在经历着巨大的疗愈过程。

这是我第一次真正看到辅助逝者和生者之间的交流是如何疗愈和改变双方的。

我一直知道活着的人可以从死者那里接收到很多，但我从未意识到死者可以从活着的人那里接收到多少。

凯文的原谅让他的父亲愈合了创伤，继续前行。

怎样才能让人们意识到在他们的生命中什么才是真正重要的，而不是在他们死后呢？

我想出了一个小窍门，让自己在生命中的任何时刻都能看清什么对我来说是重要的。

我想象今天是我生命中的最后一天。我想象着第二天黎明我就会死去，如果我真的能带着这个幻想去那里，对我来说真正重要的事情就会开始浮出水面。

我抓着不放的东西和我难过于的事情在更大范围中变得无关紧要。

我意识到，我和妹妹的争吵其实没什么大不了的，不管我觉得自己有多的对。我意识到，对我来说，真正重要的不是一个男人是否会回我电话，或者我是否有足够的钱，或者我的屁股是否太大。真正重要的是我对所有人和我自己的那份爱。并且让我爱的人知道我爱他们。

伴随灵魂而来的最经常的信息是爱和宽恕。它们经常只是想确保一个特定的人知道它们爱着他们，或者为它们在它们以前的化身中所做的事情道歉。这条信息通常是这么简单，而且它的传递频率比我意识到和预期的要高。

通过这份作为媒介的"工作"，我了解到大多数人（不是所有人）对他们的生活方式不满意，经常回来尝试补救或疗愈他们认为没有解决的任何东西。

所以，我打电话给和我争吵过的人，告诉他们我很抱歉，然后我自己放下了所有的不快。我把爱流动给我生命中所有我可能没有让他们知道我有多在乎他们的人。我摧毁我对我人生的对错的所有评判，或者我所感知到的人们对我曾经的所作所为。

我对自己的人生和所有感觉全权负责。

死亡是最后的挑战者；它让我们面对我们一生都不想看到的东西。它让你意识到没有更多的时间可以浪费，伟大的改变发生在你身上。正如你所知道的，你正在接近实相的边缘。为什么不生活在这样的边缘，在我们的生命中保持警惕呢？通过这个练习，我并没有认为我的生活是理所当然的。我意识到我有这个化身来享受这个世界，而这个实相的无常对我来说是非常真切的。

这通常会起作用一段时间，直到我意识到我已经不临在于我的生活中，然后我再次进行这个练习。

等我走了，我可不想因为还有事没解决而被困在这里。

在新奥尔良的一个夜晚

凯文对Access越来越感兴趣,所以他提议我们开车穿越整个国家去佛罗里达,我的继父正在佛罗里达州西部的狭长地带上课。他说我们可以开着他的货车去露营,顺便拜访沿途的朋友和家人。这听起来很棒,我从未开车穿越过美国,也很热衷于冒险。

我喜欢这趟旅程,一路上眼看着南加州的秀美风景渐渐被亚利桑那州和新墨西哥州干燥平坦的沙漠所取代。德州有点让人心碎;没有州界标记你的前进,只有绵延无尽的道路和天空。

我们开着一辆没有音响和空调的1985年大众面包车。即使车上有立体声音响,也很难在引擎的轰鸣和道路的声音中听到。为了打发时间,我一边看着风景,一边在随身听上听一位瑜伽修行者的自传和《与神对话》。这些书很厚,足够让我听一路的;也很有趣,其中超凡脱俗的奇迹和灵性哲理让我觉得很好玩。

当我们到达东德克萨斯州时，湿气像堵墙一样扑面而来，我们做好了停下来的准备。我们想，还有什么地方比新奥尔良更适合停下来呢，凯文在那里有家人。

我从未到过美国的这个地方，也不知道会发生什么。当人们想到南方时，他们想到的是什么？

他们会想到从该地区雄伟的大橡树中生长出来的可怕的西班牙苔藓，还是桃子馅饼、炸鸡和冰茶？

我想到了无可挑剔的南方好客，长头发、高帽子、大肚子和严重的种族主义。当然，我只听说过关于奴隶制和种族主义的故事。所有的历史书里都有。我还没遇到过不酷到真的成为种族主义者的人。我知道这表明我的生活有些许庇护。虽然我可以躲避人类的可怕缺点，但却无法被庇护于我们五感之外的超自然经历，我知道这很讽刺。

这样说很不礼貌，但我必须承认我很感激那些来到美国的黑奴。奴隶制是可怕的，而在我看来，整个事件产生的结果是惊人的。如果没有非洲人被当作奴隶带来，我们还会有爵士、蓝调、灵魂乐、嘻哈或摇滚吗？我不相信任何人会如此努力地去控制另一个人，我的意思是谁才是真正的奴隶？你怎么能这么做呢？这完全超出了我的理解，但我也不明白你为什么要砍伐森林或杀死动物，更不用说强迫别人成为比你差的人了。不管怎样，这些非洲人想出的东西难道不是很酷吗？

谢谢，谢谢，谢谢！

当我们接近休斯顿的时候，已经是半夜了。我们在市中心附近停车加油，因为I-10号高速公路（从南加州直达佛罗里达的高速公路，穿过德克萨斯州的腹部）正穿过休斯顿的中心。我们停了下来，关掉了发动机。路上不断的嗡嗡声让我的耳朵嗡嗡作响，我很庆幸能有一小会儿休息。由于潮湿，热得几乎无法忍受。我记得当时被这座城市的衰败所吸引。人行道饱经风霜，凹凸不平，植物一直长到路面上，到处都是沥青。一些建筑物破旧不堪。但尽管如此，休斯敦依然是一个非常繁华的城市，但也不过是个城市而已。圣巴巴拉是一个海滨小镇，有点类似于度假胜地，而不是一个真正的有人居住的地方。从表面上看，圣巴巴拉完美无暇；我也在仲夏的深夜，通过休斯顿的灵魂，对这个世界有了更多的了解。

由于1999年市中心周围正在进行巨大的、几乎不可思议的大量建筑工程，我们用了一个时辰才设法回到了向东的高速公路上。在我看来，这个建筑区域就像电影《异形》里的宇宙飞船内部。周围一片漆黑，到处都是电线和电缆，碎裂的水泥暴露出城市基础设施的薄弱之处。冒着蒸汽的炉膛比比皆是，还有没完没了的拐弯让我们来到放得更糟糕的路标前，这些路标总是指给我们错误的方向。如果我没这么知晓的话，我会仅仅以为这地方的城市规划非常糟糕。但我记得我在好奇是什么把我们困在那里。是不是有什么东西挡着我们不让我们重新上路去新奥尔良呢？

在新奥尔良之行之后，我清晰响亮地拿到了那个信息，但在那个时候，一切似乎都像是一个巧合和一只巨大的看不见的手试图把我们转向另一个方向。经过艰苦的努力，我们终于在I-10号公路上找到了路。

在我们驱车前往路易斯安那州的漫漫长夜中，黎明的曙光揭示了一个超现实星球的表面。我从未见过的沼泽地。这一地区的高速公路在数百英里的沼泽地上空高架而过。长满青苔的树木给人一种诡异而又神秘的感觉，我只能想象棕褐色的水面下埋藏着什么。我很好奇第一批居民是如何在这片荒凉的土地上定居下来的，以及他们为什么要这么做。

最终，我们驶近新奥尔良，下了I-10号公路，向北转弯，穿过看起来永无尽头的平坦的庞恰特雷恩湖大桥，来到我们的朋友家放下行李梳洗了一番，然后又接着去探索新奥尔良市。凯文和我已经有四个晚上没睡过一整觉了，我们只是在轮流开车。一个开车、另一个打个盹儿，或者我们都醒着，聊着天、享受着路上的自由。我们本可以等上一晚、睡上一觉，然后再参加新奥尔良的活动；事后看来，这可能是个好主意，但我们决定放弃休息取乐，出发前往新奥尔良。

抵达法国区中心十分钟后，我意识到这将不会像我最初希望的那样好玩。城里的灵体甚至比湿度还要浓厚。我试着假装没有发生这回事，主要是因为当时我真的不知道该如何处理在一个地方的这么多灵体——或者我甚至是否应该尝试对此做些什么。我试着屏蔽掉这一切,只是和其他人保持一致。我发现这种故意的拒绝有时会有用——多多少少。但最终,我试图忽视的那只巨大的紫色大猩猩会经常敲打我的脑袋,让我意识到自己有两个选择:要么在压力下崩溃,要么面对它,不管"它"看起来或感觉起来如何。我开始反抗起来,感觉疯狂无比。这对我来说差不多是一种全新的觉察;自从儿时在英国那一次以来,我再没有遇到过这么多的灵体,而我早就忘记了儿时的那次经历。我试着不去过多关注这一切;我强行把这种感觉推开,试着玩得开心些,但我却变得越来越不舒服。

当我们走在鹅卵石铺成的街道上时,我惊讶地注意到墙壁前有三排深的灵体,目光所及之处无不存在。新奥尔良的灵体比那里的人还多。我心里想这怎么可能,所以我一直否认。我完全不晓得竟会有这样的事情。

我也遇到了一种我从未体会过的能量。就好像我不会说那门语言一样。是我拾取了别人的什么东西,还是我只是在想象?这里是在发生着什么怪异的事情,还是我自己在瞎编?在试图理解所有的事情和觉得自己疯了两者之间,我一直被拉来拽去。当我们花更多的时间在城市里散步时,我开始推断出来这一切。在看完第五家令人毛骨悚然的伏都教商店后,我意识到我之前忽略了的东西。新奥尔良街道上的幽灵会巫术,而它们说着一种我不认得的语言。

后来我了解到,被带到美洲的非洲奴隶也带来了他们的宗教——伏都教。伏都教的字面意思是神灵。我得知伏都教原本是一个和平的国家宗教，由于奴隶贸易的极端残酷和压迫，渐渐变得咄咄逼人、甚至极端暴力起来。白人奴隶主们认为这本土宗教是巫术，禁止了它，因此迫使其教徒秘密信奉，并把他们神灵的面孔和名字改成了欧洲天主教圣人。

伏都教的教徒们会向这些神灵寻求魔法和帮助。欢迎来到南部！

最初，被当作奴隶带到这里的非洲人会非常适应灵体世界，因为他们从未被告知灵体世界不存在。相反，他们被鼓励与他们已故的祖先连接。他们从小就被教导要相信神灵，并向神灵寻求帮助。

城里的人欢快地走来走去，没有注意到周围到处都是灵体。

正如我之前提到的，这些灵体沿着城墙排成三排。墙边的前排全是男人。他们面向外面的街道站着，眼睛空空，嘴巴黑洞洞的。它们似乎贡献于一种群体化表达，而不是有自己的个人交流。听起来像成千上万只昆虫的嗡嗡声。

站在男人后面的是女人。她们的眼睛更加临在；她们看到了自己正在看向的东西。她们是那些进行所有这些交流的灵体，如果你可以这样讲的话。我可以辨别出来自这些女人们的个人想法。在她们的后面，还有一股无法定义的莫名能量；那不是人类，非常黑暗。它没有自己独特的形式，但可以明显感受到它的存在。

直到后来我才意识到，女人站在男人后面的原因可能是因为伏都教形成了一个母系社会。男人们守护着女人们，女人们则守护着她们身后的那个能量。我认为他们背后的东西是他们宗教的"真正"魔力，那些非洲人被带到美洲后必须藏起来的东西，因为他们害怕受到惩罚。也许这就是为什么他们身后是如此的黑暗。他们把它藏在黑暗里，这样就没人能看见它。另外，人们倾向于将视线从"黑暗"的东西那里转移开，所以还有什么地方比黑暗更适合隐藏对你来说珍贵无比的东西呢？

现在，尽管我在脑海中可以清晰地看到这一切，我仍然试图通过忽略它们来在逻辑上让它消失遁形。这一切多到太不真实了，但随着夜晚的降临，我越来越迷失在阴影中，我开始不情愿地承认现实——这一切的的确确在发生着。

到这时，我只能勉强小声抗议请求我们能离开——"现在拜托"。我的头脑一片混乱和浑浊，情绪也非常激动。我想留下来享受这座著名城市的新景象和声音，但我双膝发抖，感觉自己马上就要丧失理智了。

我终于说服了凯文，告诉他我真的想早点离开，所以他去告诉我们的朋友，我们离开是因为我感觉不舒服。他们都反对，并问我为什么不舒服，我只能哭了起来。于是凯文跟大家道歉，把我领回了面包车。我不骗你，我被所有的灵体弄糊涂了，我几乎失去了说话的能力。这并不有趣，但却是一次很好的学习经历。

凯文似乎对我们的突然离去并不感到失望。他能看见我好痛苦,他自己也能感觉到黑暗潜伏在街上。

我后来得知,他们实际上有公墓旅游和新奥尔良的死者旅游。神灵在那里受到崇敬和庆祝。难怪他们都不想离开。显然,由于这片土地的沼泽性质,尸体被埋在地上的地窖里。有些墓地看起来像小小的死人之城。据悉,在大雨期间,被掩埋的尸体也会重新浮出地面。每当他们挖掘时,都会在新奥尔良的房屋下发现尸体。恶心!难怪这地方让我毛骨悚然。

当我们离城市越来越远的时候,我开始放松下来,并开始感觉好了一半。我无法向凯文解释我在城市里发生了什么;我所能说的就只是:"我就是觉得不太舒服。"

直到多年以后,我才回忆起这个夜晚,并清楚地记得发生了什么。从那以后我就再也没去过路易斯安那州,但我很想知道卡特里娜飓风是如何影响新奥尔良的超自然活动的。我敢打赌,大自然的力量清理了大部分,即使不是所有被困住的灵魂。

自然的力量有时会是非常可怕和有影响力的,但没有人创造的无意识那么可怕和有影响力。不管我们喜不喜欢,大自然总是会平衡我们。

成长为我自己

随着时间的流逝，我开始在与灵体的敞开交流中享受越来越多的轻松。我开始全心全意地接受这一切都不是我瞎编乱造的。我也开始看到其中的价值。对我来说，这是一种有价值的贡献这一实相变得对我越来越真实，而不是让我感到可怕的尴尬。我不再觉得自己是个怪胎，我开始拥抱自己的能力。

人们出现在我的生活中，要求我为他们解读，并主动为此付钱给我。我想："我不能拿他们的钱。如果我做得不好怎么办？"

第一个来的女人叫洛雷恩，一个来自田纳西州的金发小美女，她知道我能给她她想要的东西。她很坚持，所以我决定帮她的忙，尽管我还是有些紧张。

这将是我第一次有偿解读，我愈发觉得压力巨大。

我们坐下来，她急切地想从笔记本和录音机开始。我坐在那里试图说服自己我不是某个傻孩子在瞎编这一切。我强迫自己进入洛雷恩的空间看看我能找到什么，然后你猜怎么着？

她的父亲和她的家人都在那儿。我心想："天啊，我该从哪里开始呢？"

我开始向她描述她的父亲，以确定那真的是他，她接收了所有的信息，点头说："是的，是的，他就是这个样子。"

我想："这位女士疯了，但如果她疯了，我就是疯子队长。"

她想知道她父亲的遗嘱，以及他把所有所谓的钱都放到哪里了，因为家里似乎没有人知道这些钱放在哪里，我想："哦，该死……她想要的是事实性的信息。如果我弄错了怎么办？"我怎么知道这是不是我编的？如果我弄错了，那就意味着这一切都是臆造的。

不知怎的，我在所有的疑问和怀疑中找到了自己的路。我强迫自己去灵体世界里从未去过的地方。我强迫自己去真正地翻译我所感知到的东西，而不是把它们推开。

我开始敞开和她父亲交流。我不得不问他洛雷恩想要的所有信息，这就像拔牙一样。他不愿意告诉我这个情况，因为我不是这个家庭的一员。我说道："伙计，我只是想给你女儿好好做个案，你能帮帮我吗？"

他说："好，我可以告诉你，但你得告诉洛雷恩不要告诉她妈妈。"

　　我很惊讶他在跟我谈条件；这太有趣了。这是我第一次意识到灵体对发生的事情有发言权。如果灵体不想透露一些信息，它们是不会说的，就像人一样。如果有人来找我，让我联系某个已经死去的人，而那个已经死去的人又不想和我联系，我也无能为力。如果你给某人打电话，但他们不想和你说话，他们是不会接电话的。除非你能使用伎俩得手，但那是另一回事儿了！

　　我告诉洛雷恩她父亲有一些条件，关于他是否会给她她想要的信息。她只是笑着说："他当然会。"于是我们就继续讲下去。

　　他给我展示了一幅画面，画面里是一个长长的院子，院子里有几棵高大的树木，尽头有一座高高的老房子。院子的画面闪得太快了，我差点错过了它，但我开始相信我收到的那些微妙而又快速的画面。我跟洛雷恩提过那个院子，她说那听起来像她父亲在华盛顿州的后院。我确认道："是的，看起来是对的。"

　　然后她问："院子和这有什么关系？"我说："我想他是在说钱就在那里。"

　　她的下巴掉了下来："不可能！"

　　"嗯，显然是的。它在一棵大冷杉树旁边。"

　　"我一直怀疑是这样，但不敢相信。我爸爸在大萧条时期长大，从来不相信银行。"她说。

我觉得这是我听过的最有趣的事情之一,有人把金子埋在他们的后院。说到不信任银行。

洛雷恩告诉我,她和她的哥哥曾试图说服他们的母亲,他们的父亲一定是这么做的,但他们的母亲反对这个想法。她母亲说:"他怎么能在我眼皮底下做这种事而我却没注意到?"出于骄傲,她不准她的任何孩子在后院挖掘。

我认为母亲的反应是因为洛雷恩的父亲从坟墓里给她灌输了一些想法。他不想让她发现宝藏。洛雷恩的父亲似乎对他的妻子怀恨在心,他试图在死后操纵她,这样她就不会发现他不想让她发现的东西。推测洛雷恩父母关系的心理层面并不是我的工作。我只是试图清楚地回答洛雷恩的问题,并把我认为最相关的观点表达出来。所以我没说洛雷恩的父亲恨她母亲的事。

洛雷恩对我给她的确认信息很高兴。她告诉我她迫不及待地想给她哥哥打电话让他去他们家的老房子开始挖。我尽力描述我认为它在院子里的什么地方。她当时就起身去打电话了。

我想:"天,希望我是对的,但如果我错了,那会是一种解脱,因为那样我就可以放弃这一切愚蠢的事情回归正常的生活了。"

没有这样的运气。几天后,洛雷恩打电话到我家里,告诉我他们挖到了金子。她哥哥直接去了房子开始在我指示的地方挖掘,就在那里。超过一百万美元的金币和纸币。我想:"我靠,我要哭了。是我干的吗?不可能!"

我完全震惊了，还有一点不敢相信。

不用说，洛雷恩对她的新发现非常兴奋，在震惊消失后，我也对自己感到非常满意。

有趣的是，这一切就发生在我眼前，而我仍然不敢相信。还好我很可爱，因为有时候我不太聪明。

罗宾

罗宾是我继父的一个客户，我继父介绍她来找我做个案。由于她在德克萨斯而我在加利福尼亚，所以我们约了一个时间通过电话进行个案。

罗宾开始告诉我，她的妈妈病得很重，快不行了。

她说她妈妈已经同意对遗嘱做一些修改，在修改起草好后，罗宾已经把遗嘱拿出来签字了。

那天早上和她妈妈谈完话后，罗宾下午来到了庄园。

经过几个小时的讨论和劝说，罗宾不知所措地离开了，没有签遗嘱。第二天她又和妈妈交谈，她妈妈问她为什么没有像她说的那样过来。

罗宾完全被震惊了。据罗宾所知，阿尔茨海默病并不是她妈妈的疾病，她以前也没有真正经历过她妈妈的这种情况。罗宾向她妈妈解释说她已经出门了，她们已经说过话了，但她妈妈开始对整个谈话感到不安。她真的不记得罗宾前一天下午来过。她告诉罗宾再来一次，她会在遗嘱上签字。

所以第二天，罗宾去了她妈妈的家，又讨论了很久关于签遗嘱的事，但是没有结果。

罗宾开始非常担心她妈妈的心理健康，于是在那天下午打电话给她妈妈的医生。她妈妈的医生说他没有遇到过这种行为，但会在下次就诊时好好看一下。

罗宾逐渐认为她的妈妈基本上是要疯了，但那天晚上罗宾做了一个梦。

她梦见她和她妈妈坐在她妈妈家的客厅里，但她妈妈有三个人。她们并不都像她的妈妈，但她知道她们都是她的妈妈。她记得的最多的是她的三个妈妈中的一个反复说着："我是你妈，她们不是。"

第二天早上她醒来后，罗宾立刻给我继父打了电话，因为她现在知道她妈妈那里有不止一个灵体在操纵一切，可以这么说。

我的继父肯定了这一点，并推荐了罗宾找我预约个案。

当罗宾开始谈论这整件事的时候，我立刻觉察到她妈妈周围各个不同的存有。

我跟罗宾解释说她妈妈没有疯。她的妈妈有着我继父和我所说的"多重占身"，意思是不止一个存有和她在身体里。

这比你以为的要常见得多。当一个人很难做决定，并总是要咨询他们头脑中的委员会时，这是因为他们有多个灵体在那里与他们一起做决定。这也使得某些人在某个时刻以某种方式行事，而在另一时刻则会以完全不同的方式行事。这是因为它并非一直是同一个存有；有多个不同的存有在那里。精神分裂症和多重人格障碍就是这类疾病的极端例子。

我问罗宾，她的妈妈在过去是否表现出这种行为的更微妙的形式，例如，她的妈妈在不同的时候看起来像不同的人，或者她"忘记"了她应该知道的事情？

罗宾犹豫地回答道："嗯，实际上，是这样的。"

"实际上，我和我的兄弟们常常拿妈妈的另一个性格开玩笑。有时她是你能想象得到的全天下最好、最体贴的人，其他时候她就像一个完全不同的人。天啊，我以为我们只是说说而已。这太诡异了！"

我笑了，罗宾在电话的另一端，有点愣住了。

然后她问："这是怎么发生的？"

我告诉她，这其实并没有那么不寻常。比如，当某人在某一时刻决定不想再活下去时，这种情况就会发生。本质上，他们把一个"对外出租"标志放在他们的身体上，然后另一个存有就可以进来了。如果原来的居住者并没有真正注意到发生了什么，他或她可以继续呆在那里，就像什么都没发生一样。但实际上，现在有另一个存有在参与他们的生活，做着种种决定、与他人打着交道。

当某人发生重大事故、手术或身体受到其他创伤时，也可能发生这种情况。这可以让另一个存有进入身体。这种情况通常发生在某些人决定他们的生活需要帮助，或者他们不能自己独立做什么事情的时候。他们会有意识或无意识地引入另一个存有来帮忙。但如果某人对此没有意识，他们最终可能会让另一个或其他存有来操纵一切，然后一切都可能变得乱七八糟起来。

然后我解释说，把遗嘱搞混了是很正常的。她妈妈完全不记得和罗宾谈过遗嘱的事，因为有另一个灵体在控制着她的那部分意识或生活。下次她去她妈妈家签遗嘱的时候，她必须让真正要签遗嘱的那个灵体临在。她要做的只是在心里要求，而不是大声说出来。没什么特别的，只是一个简单的要求。这样她就能得到她想要的东西。

罗宾问有没有办法把另一个灵体从她妈妈身上清理掉。

我告诉她，是的，你可以清理灵体，但如果一个人对灵体有某种承诺，他们往往不会让灵体离开，特别是当他们觉得灵体在为他们提供服务或以某种方式陪伴他们的时候。这就是她妈妈和她的灵体的情况。罗宾的妈妈显然有个专门处理她的财务的灵体。我知道这听起来有点奇怪，但事实就是如此。她妈妈所要做的就是在某个时候出于某种原因决定她不喜欢处理钱或者她没有能力处理钱之类的事情，然后登登登！另一个存有能做这些。

我们结束了个案，罗宾有点震惊，但准备试试她拿到的新信息。

几天后，她向我反馈说，她确实去了她妈妈的家，询问了同意在遗嘱上签字的灵体，结果，她妈妈在遗嘱上签字了。

这里有个小窍门。当你和一个很难相处的人打交道时，让那个会给你你想要的东西的存有变得最临在。很诡异但真实有效。

在乡村俱乐部

　　澳大利亚东部的阳光海岸是世界上最美丽绝伦的地方之一，金色的海滩绵延数英里，还有一个洁净无比、几乎未被破坏的内陆。许多年来，我在那里度过了相当长的一段时间。有一天晚上，我和一些朋友去参加一个在乡村俱乐部和高尔夫球场举行的派对，地点就在一条叫做"谋杀克里克路"的公路附近。我没开玩笑，它真的叫这个名字。想到那些土著人和英国佬，你可以想象它的名字是怎么来的。（无意冒犯，英格兰，但你知道你做了什么。）

　　当我们到达派对时，太阳刚刚下山，轻柔的晚风徐徐吹来，令人感到温暖而又安适。每个人都很高兴见到彼此，庆祝活动正在进行中。

　　我开始像其他人一样玩得很开心，但随着夜色渐深，我逐渐变得越来越不安、甚至有点歇斯底里起来。我弄不清楚到底是什么在困扰我。我开始觉得每个人都在和我作对，我必须离开那里。我开始觉得，无论什么时候有人跟我说话，我都要开始哭起来。我找不到办法来解决我的情绪，于是我决定离开。

当我走向门口时，两个我认识的女孩从我身边走过，带着欢快的假土著口音问我是否愿意和她们一起出去抽支烟。

我不想抽烟，但我感到完全被迫着和她们一起出去。于是我们走到停车场的另一头，坐在一棵高大的桉树的树荫下。女孩们继续用浓重的土著口音互相开玩笑，她们开始意识到我正目瞪口呆地看着她们。她们以为我被她们说的话冒犯到了，但根本不是这样。当她们在开玩笑时，我终于意识到我的情绪到底是怎么回事。有成千上万的土著灵体站在那个乡村俱乐部周围。我不太确定为什么我花了这么长时间才意识到这一点。当我注意到有那么多灵体站在我面前时，我几乎看不清它们的尽头。

不用说，它们都不太高兴，这是我心情不好的很大一部分原因。从那天晚上起，由于那种情绪，我能有意识地辨别出我是在和一大群无身体的存有们打交道。这种偏执、暴躁的情绪可以说是我在矿井中的金丝雀。每当我需要对某些事情多加觉察时，它就会提醒我。如果我有那种特别的感觉，我就会知道我是在和一大群灵体打交道。我不确定为什么是那种特定的情绪和它为什么表明我正在处理大量的鬼魂，但它就是这样。我只是学会了识别这些信号，从而让我能看清我要去到哪里。

当我认可到所有站在我周围的存有们，在试图让我以各种方式注意它们时，我只是告诉它们，它们都可以走了。我的心情瞬间改变了。我变得清晰而快乐，就像一朵沉重的乌云从我身上消散。

　　当我意识到我在处理什么，并且能够给它一个简单的清理，能量就完全转变了。我喜欢这样一针见血的感觉。令人惊讶的是，解决这类问题几乎是不可能的容易。我们所需要的全部只是觉察和改变现状的工具。

一位家庭老友来拜访

玛丽·韦尼克是我们家的老朋友，从我很小的时候起，她就在我生命中扮演着重要的角色。她就像我的祖母一样。她在加利家里度过了生命的最后几年，直到寿终正寝。我一直在照顾她，直到她生命的尽头。由于她经历了很长一段时间的痛苦，她的去世对玛丽自己和我们全家人来说都是一种解脱。

玛丽死后不久的一个早晨，我独自躺在家里的床上。房子的旧木地板经常会发出咯吱咯吱的响声。我开始熟悉房子里有灵体时它发出的特殊声音。我听到有人在客厅里走动，感到有点震惊。在那时，我对我生活中出现的灵体大部分都已经很习惯，不过偶尔某个灵体也会惊吓到我。那一定得是一个会要求占据我全部注意力的强大灵体。

按照我给无数人的建议，我强迫自己降低对灵体的屏障。然后，玛丽的灵体把她的头探进了我卧室的门。过了一会儿，她坐在床上，把手放在我的手上。她问我过得怎么样，并向我传递了最关怀的能量。她给了我一种完全被关心和认可的感受。她刚刚经历了漫长的死亡，她来看我，并问我怎么样了！玛丽生前就是这样的人，死后也是如此。她感谢我在她去世前对她的照顾。她说她现在就要离开这里了，这意味着她将离开这个实相或者我们所认识的这个世界。她只是想最后一次说再见。

这是最甜蜜的能量交换，充满了感恩、关怀和扩展，然后她就像来时一样迅速地离开了。整个拜访持续了大约两分钟。现在我知道，如果我基于自己的恐惧而抗拒她，那将造成对她的不公，并让她离开的过程更加困难。她将不得不越来越努力来让我明白她的意思，来谢谢我和跟我告别。

抗拒的相反面则是把要离开的人抓得太紧。如果我们紧抓着一个人不放，不想让他走，因着我们所有的想法、情绪和感觉的干扰，正在过渡的人会更难清晰地找到通往另一边的路。

灵体如何能帮助我们

美国大萧条时期，在很多人生活在极端贫困之中时，有少数人利用当时的经济形势为自己谋求利益然后赚得盆满钵满。在一个人人都看到经济毁灭的图景中，那些愿意采取不同视角的人看到了可能性。

类似地，那些愿意对死亡采纳一个不同观点的人，会向我们当前在这个实相中所相信的真实而正确的东西之外的那些信息敞开心扉。他们可以超越那些不愿意感知这些实相的人们，利用灵体给他们的信息来创造一些更伟大的东西。

我曾住在一间公寓里，楼上住着一些非常吵闹的邻居。他们会一直大声播放音乐直到深夜。我已经照例让他们把音乐关小了，但他们没有，而且他们真的不想关。一天晚上，我躺在床上，我想我要让灵体试试看。我问楼上公寓的所有灵体能不能把音乐关掉。就在那一刻——砰！音乐停了，然后那天晚上就没再打开过。

当然，一开始我以为这"只是个巧合"。第二天晚上，音乐又响起来了，所以我想应该向灵体朋友们求助。就像前一晚一样，音乐立即关闭了！这样的情况持续了好几个星期，直到我邻居公寓的电力系统需要修理。这一认识震撼了我的心灵（我不确定是什么摧毁了电力系统），但它增强了我的觉察，即这些鬼远远不是来自梦境，而且它们实际上是一个实相，存在于我们共享的这个世界里。

从那以后，我便试着通过在许多其他事情上求助于灵体来达到这类令人惊叹的结果；有时有效，有时没效。我想要的就是我想要的，但我的请求不会总是得到尊重或立即得到答复。有时，有其他的力量在起作用，要求一些与我"想要的"不同的东西。我对一件事的投入越多，它就越不可能按我想要的方式发展。最大的奇迹通常发生在我不按自己的方式行事的时候。当我们愿意寻求帮助，并且对最终的结果没有情感或能量上的投入时，那时我们通常才会接收得最多。

另一个关于灵体如何帮助我们的很酷的例子是布鲁斯·威利斯主演的电影《第六感》。在电影中，一个小男孩有能力看到死去的人的鬼魂，在大多数情况下，可怕的死亡。当然，这些都是在好莱坞的戏剧中呈现的，伴随着很多恐怖的音乐。

在电影一开始，我们就看到了布鲁斯·威利斯扮演的角色，他是一位儿童心理学家；出场的还有一个小男孩。我们很快发现，这个男孩有一种神奇的能力，可以看到"死人"，而且在很大程度上，他为此受到了极大的精神创伤。所以老好人布鲁斯开始努力想办法帮助这个孩子。当然，一开始他不相信孩子看到的是"死人"，但最终他开始意识到孩子真的看得到它们。布鲁斯以他无穷的智慧，开始鼓励小男孩去和神灵对话，看看它们想要什么。只要男孩开始有意识地帮助它们，他的生活就会变得更好。这让他找到了一些平静并帮助那些灵体。最后，我们发现布鲁斯·威利斯扮演的角色实际上是一个灵体。如果男孩不愿意倾听灵体的话，他就会错过这个灵体可以给他的帮助。

希望到现在为止，你已经认识到了我在强调的模式。这些鬼没什么好怕的。你对这些灵体的觉察是一个来源，从中你可以丰富你的生活和你周围那些人的生活。

拥抱超越我们五种感官的感知能力，并进入一个拥有无限潜能的领域，会是什么样子呢？

大多数向我咨询的人都有两个问题："我有灵体吗？"和"它们说什么？"

发现你是否有灵体，并发现它们要说什么是非常重要的，这也是一块巨大馅饼的一小部分。

与灵体进行交流并倾听它们的想法，例如获得特定的信息，这是非常令人欣慰和重要的，但在我看来，这只是可能性的一小部分。人们倾向于完全否定来自灵体的所有其他能量，因为它并不符合他们所决定的世界需要看起来的样子。如果人们期望与灵体的交流就像与有身体的人的对话一样，那么他们可能会错过很多东西。与灵体交流时需要的肌肉与你在与人交谈和联系时使用的肌肉完全不同。你不能用身体用来后弯的肌肉来进行前弯。你与灵体进行交流也不能运用你与其他人进行交流的同一块肌肉。

这就是为何当人们"试图"与灵体对话时，会感到如此沮丧的一个巨大原因。他们认为自己做不到，但事实是他们只是在试图用他们的耳垂儿举起杠铃。如果他们用自己的双手的话，会有效得多。

与灵体的交流和互动比与人的交流更广阔、更有活力。这就是为什么与灵体交流可以给你如此多的空间和自由。打开这个空间是非常有疗愈作用的。对于我们这边的人和另一边的人来说都是如此。有时它不是关于一个灵体带来的具体信息，而是它们必须给予的能量。

这更像是接收风在你周围吹，而不是试图理解风吹向你意味着什么。

馅饼中较大的一部分是愿意接收灵体提供的一切。这很像接收大自然或风提供的东西。大自然没有给我们提供认知的思想或理性的想法。大自然给了我们一种平和及空间感，一种疗愈及自由感。如果我们敞开接收，很多灵体也可以为我们成为这些。灵体给了我们机会来看到在我们以为是真实的东西之外的一切。它们帮助我们发展我们的通灵肌肉。它们让我们质疑我们的实相，并用我们不习惯的方式去感知。

从灵体那里接收的巨大障碍之一是对它们的普遍恐惧。在我看来，对灵体的普遍恐惧基本上就是洗脑。我知道洗脑这个词听起来非常极端和令人不快，但这基本上就是我们要解决的问题。人们甚至不知道自己为什么害怕灵体；他们只是知道他们害怕。

这些洗脑来自电影、电视、其他各类媒体、家庭成员、朋友和宗教。如果你相信你在恐怖电影中看到的灵体，你也相信圣诞老人和复活节兔子吗？你明白我的意思吗？

灵体的唯一问题是由于人们投射在整个情形上的无意识。变得更有意识，灵体就会跟随。

如果你真的想要变得更有觉察，与灵体沟通是实现这一目标的好方法。与灵体沟通就像任何其他练习一样。如果你状态失常，一开始可能会感到不舒服和困难，但你越多进行，沟通就会变得越容易。它会对你的生命成为一份越来越大的贡献，就像其他任何促进健康的运动一样。

如果你生命中的某个人去世了，他们觉得和你还有没解决的问题，他们可能会来找你，试图解决那个问题。如果你忽视它们或拒绝感知它们，这并不会让它们离开。这只会让它们更加努力地和你沟通，不管要花多少生世。

感知、接收、沟通和与灵体同在就像风吹过你的头发或潜入水中一样容易。这并不需要努力。嗯，也许潜入水中需要一些努力，但一旦你学会游泳，这就不是你想的事情了；你只管去做。假若让灵之世界成为你实相的一部分，你的生活就像游蛙泳一样简单，那会怎样？它能给你的生活增添什么你从未意识到的东西呢？

导致癌症的灵体

克丽斯廷，一位可爱而又略微丰满的四十二岁妇女，为了她妈妈的事来找我。她说她听说过我然后很好奇。尽管最近她被诊断出患有乳腺癌，但她看起来并没有紧张或不安；一年前她的妈妈曾因同一疾病过世。

从克丽斯廷坐在沙发上的那一刻起，我就强烈地感知到她妈妈围绕在她周围。克丽斯廷看起来很像她的妈妈，但更年轻、更快乐。

她觉得她妈妈就在她身边，但想要得到验证，我证实了这一点。她的妈妈不仅在她身边，而且在拼命地试图与她的女儿沟通。

当一个灵体想要和你说话，而你根本不听或者听不到，或者不知道自己在听时，为了努力引起你的注意，这个灵体就会变得越来越有侵略性。

灵体的入侵可以通过多种方式表现出来。它们会让你头痛、背痛、咳嗽、瘙痒、发冷、焦虑、突发情绪和生病。但凡你能想到的，它都可以展现出来。

对克丽斯廷来说，她患的是和她妈妈同一种乳腺癌。克丽斯廷的妈妈拼命地试图与克丽斯廷沟通，由于她离得非常近，她正在导致自己的女儿复制着她的振动，就像敲击一个音叉所产生的振动会造成旁边的另一个音叉以相同的频率振动一样。在合一中，我们感知、知晓、成为和接收着所有的一切——从人们的想法和感觉到灵体的想法和感觉，无论我们是否有觉察到这一点。如果你在杂货店排队时站在一个生气或悲伤的人旁边，你可能会突然感到生气或悲伤，并以为这就是你的感觉。你不是提问这些感觉是属于谁的，你认为它们就是你的。我们受到影响，我们也用我们的能量影响着万事万物和每一个人。

我讲这个故事是为了让你们开始了解灵体产生的动态影响，即使它们没有身体。如果这会为你带来不同的话，这甚至是科学证明的。即使当你阅读这些文字时，你的身体正在以能量频率和化学生产的形式对你所阅读的内容做出反应。你（不管"你"是谁）用你的想法和感觉影响着你的身体、其他人的身体、你坐的沙发、你正在看的树木、地球和整个宇宙。如果你一生都认为自己只是一个没有任何力量或能力的小老头，那么这对你来说可能是个新闻。

如果人人都觉知到自己创造和影响事物的方式，这世界会成为怎样的景象？

当你沮丧不快时，你不仅在破坏你的身体，也在破坏地球。希望这能让你在不开心或生气时三思而后行。我知道产生这些感觉有很多原因和理由，但它们真的值得破坏地球吗？

另一方面，如果你欣赏和感恩某人或某事，它会变得更强烈、感觉更好。

这力量是你的。如果你过得不太好，你要看看你的想法和你正在做的选择——或者你周围其他人可能正在做的种种选择，你可能会拾取了这一切并在自己的身体里把它们结晶固化了下来。

克丽斯廷恰恰正在这样做。她在复制她母亲给她自己的身体带来癌症的能量。

我向克丽斯廷指出了这一点，她坐在那里目瞪口呆，因为这一新的实相瓦解了她对这个世界的看法。

然后我告诉她，如果她选择，她可以撤销这一切。

我开始指导她让她妈妈站得离她的身体远一些。当我们不倾听灵体的声音时，它们就会越来越近，好像这样会帮助我们听到它们的声音。就像对聋子大喊大叫，你再怎么吼，他们还是听不见。所以你必须找到一种不同的交流方式，用手语或书面语。如果你觉得与那些想要与你沟通的灵体交流很困难，那就换个方式去倾听。试着倾听，不是用你的耳朵，而是用你的觉察。

如你可能想象到的，她母亲的灵体一离开克丽斯廷的身体，克丽斯廷立刻感觉好多了。这也让克丽斯廷在这件事上有了选择的机会，让她有了一种更大的力量感。

通过她创造的空间，克丽斯廷可以更清楚地感受到她的妈妈。她开始允许自己接受妈妈和她在一起的现实。我鼓励她自己和妈妈交流，而不是依靠我的答案。被人当作占卜板或算命师一直是我最讨厌的事情之一。我总是会努力引导和教导人们如何与死去的人交流，好让他们带着自己的工具离开，而不仅仅只是体验而已。克丽斯廷在这方面非常熟练；她能听到和感知母亲的声音，这是她从未想象过的。

我问克丽斯廷，她体内出现的乳腺癌实际上有可能是她妈妈的，这一点对她来说是否是真的。虽然这对她来说是一个很大的跨越，但她意识到，是的，有可能真的是这样。

通过我的鼓励，克丽斯廷开始真正意识到她妈妈的需求有多么强烈，以及她给克丽斯廷施加了多少的压力。这对她来说是一种顿悟，因为自从母亲去世后，她一直感到疲惫不堪。这一新的认识让一切变得轻盈无比。

从她的新觉察中，她能够提出一个简单的请求，请她妈妈停止这一切。由此她妈妈意识到了她在做什么。信不信由你，她的妈妈没有意识到她对女儿的影响。她是鬼并不意味着她比我们更聪明、更有意识。克丽斯廷和她妈妈都从这次个案中收获了很多。

我问克丽斯廷她想让妈妈留下还是离开。不管克丽斯廷意识到什么，她对妈妈与她在一起的渴望会影响到她妈妈。克丽斯廷意识到她一直在无意识地希望母亲不要离开她。我问她妈妈是否想要离开，她似乎不知道她可以离开，也不知道该去哪里。我告诉她们，妈妈并不一定要离开，但离开这个选择可能会给她们俩都带来很多改变；当她们准备好了，她们可以做出这个选择。

我给克丽斯廷的妈妈看了我看过的其他灵体去的地方。可以这么说，朝着光。不知什么原因，她完全错过了这一切。

这次的个案并没有什么定论，而是以打开了全新的可能性而结束。克丽斯廷和她母亲的灵体有点惊讶和震惊。

几天后克丽斯廷打电话给我，告诉我她和她妈妈已经在一起找到了安宁，她妈妈已经走了。我看得出来，一想到母亲的离去，克丽斯廷就很难过；但能拥有自己的空间和身体，她也感到如释重负。

我问她，在她开始为"她的"乳腺癌进行化疗前，能否找医生再做一次检查。她同意了，但仍然对癌症消失的可能性付之一笑。

令人惊喜的是，她去做了检查，然后当当当！癌症消失了！我决不骗你。

这个故事的寓意是：如果你有什么问题，问问它是属于谁的，因为它甚至可能根本不是你的。

瑞典的鬼屋

2005年，我在澳大利亚珀斯举办了一场关于意识与灵体的工作坊。

我喜欢在澳大利亚工作。我发现那里的人思维开放，很容易向他们介绍这些。澳大利亚人以乐天随性著称。这个国家的座右铭是"别担心"。

我第一次飞到悉尼时发生的事情就是一个很好的例子。飞机撞上了一个气穴，下坠了20英尺。飞机上所有的美国人都惊恐地叫了起来，所有的澳大利亚人都发出了大大的"呜-呼！"声。我想："哇，我生错国家了。"珀斯是一个非常偏僻的地方，是世界上最与世隔绝的城市。每一天都像是星期天一般。

我的课上有很多澳大利亚人，还有一对可爱的瑞典夫妇，布吉塔和彼得。

布吉塔举起手来问我关于她在瑞典南部的家的情况，她母亲仍然拥有那座房子，并试图卖掉它。出于某种她不能明白的原因，没人有兴趣购买那座房子，即使那是一栋非常具有吸引力的房产。

我一连接上那栋房子的那一刻，就知道这房子闹鬼。有时，一些房子或土地即使价格低于市场价也卖不出去的原因，就是因为它们闹鬼。

你见过一个店面不停地换房客吗？不管哪个住户住在那里，他们都在不断地倒闭。这通常是因为这个地方闹鬼，灵体在把房客赶出去。

从世纪之交起，布吉塔家的房子就属于这个家族，已经有一段时间没有人住在里面了。我问全班同学，他们是否愿意学习如何远程清理闹鬼的房屋，每个人都非常感兴趣。我开始展示如何进行，但令人惊讶的是，我清理房屋毫无进展。我通常都能很成功地远程清理灵体，但这个地方居然不行。我弄不清楚为什么。我跟布吉塔开玩笑说我得亲自去那个地方处理这件事。

接下来你知道的是，两周后我在丹麦哥本哈根下了飞机，走过机场大厅，经过一个闪闪发光的免税商品展示区。我把护照交给移民局官员，告诉他我去拜访朋友。我没有提到这些朋友有的已经死了。从机场出来，我踏上了一列火车，它带着我穿过分隔丹麦和瑞典的海峡。明眸善睐的布吉塔在第一站接上了我。我们驱车来到马尔默的郊外，道路两旁的树木抽出了新的嫩叶，我们一路穿过广阔的原野，来到了她家所在的小镇。

虽然我们是要来清理屋里的灵体，但我在处理这个任务的时候，并没有对结果有任何的期待。房屋里的所有灵体会愿意离开吗？房屋清理后能卖出去吗？当然还有，布吉塔能从我们在一起的时间里得到她想要的东西吗？

尽管布吉塔想要清除房子里所有的灵体，但我知道我没有办法保证这会发生。

仅仅因为我们想让这些灵体离开房屋，并不意味着这是它们想要的。例如，我们可能会遇到一个灵体，它承诺保护房屋而不愿意放弃。有时灵体可以被劝说放弃他们已经承诺的职责，有时它们不放。通常只要有足够的意识，事情就可以解决。

那座房子在一条小巷子里，周围都是房子。像许多古老的无人居住的房子一样，它感到悲伤，就好像房子本身是孤独的。除了主屋，还有一个铺着水泥地板的石头谷仓，上面有三个房间。这个谷仓是用来加工布吉塔祖母的蜜蜂的蜂蜜的，它首先引起了我的注意。

我立刻意识到有人死在了谷仓里。虽然在那里死去的那个人的灵体已经不在谷仓里了，但我可以断定那里曾发生过死亡。谷仓记得这件事，并让我知道，就好像它在给我发一份我脑袋里收到的电报。然后我想，这个谷仓下面也埋了人吗？

布吉塔不愿意告诉我关于谷仓的故事，因为她害怕我会被吓到。我告诉她，她是否告诉我这个故事并不重要，因为我可以感知到整个事件在我面前展开。这是祝福还是诅咒？我不确定。

我感知到的是鲜血和愤怒。我肯定我潜意识里屏蔽了很多其他细节。我有一种方法，可以让自己有足够的信息，但又不会太多以至于让我害怕。有时看到别人的死亡，在这个过程中感受他们的感受真的是太多的信息了。

很显然，布吉塔的母亲和姨妈在过去从事蜂蜜生意，用谷仓来生产蜂蜜。她们从一个女人那里借了一部大设备，那个女人是同行，也是村里的一位制蜜师。有一天，这个女人来到谷仓，不耐烦地要拿回她的设备。那部设备又大又重，放在谷仓的上层。当天的那个时候，家里的男人们都不在家，布吉塔的母亲试图说服这个女人等一等，直到有可以把设备从陡峭的楼梯上搬下来的壮汉回家。那个女人不同意，坚持由她们三个人搬。就在这三个女人试图搬动沉重的设备时，这个固执的女人从楼梯上一脚滑了下来，头部撞在水泥地板上，因失血过多而死。她的灵魂早已逝去；建筑的意识给了我所有的信息，而不是女人的灵魂。看到没有灵体要从这个事件中清除，我们继续来到房子的其他地方。

我们从门厅开始，那是一间小房间，两边各有一个衣帽架和一间客厅。我开始向布吉塔展示如何使用工具来检测灵体的位置，清除它们，并知道它们何时离开。她对看到灵体并能够清理它们的前景感到兴奋。我让她相信自己的直觉，然后我们就开始了。

她指着房间的左边，我证实了，确实有一个灵体站在那里。我指示她使用简单的清理提问，然后噗！那个存有走了。在这种情况下，甚至没有必要与灵体对话或做任何提问。当我们承认它的存在并使用一些简单的工具时，它就离开了。

当那个存有离开时，我们都能够感知得到，我和布吉塔因此都非常的兴奋。我们接着处理了门厅里的下一个灵体。我们仅在门厅（这是一个相当小的房间）就清理了好几个灵体，然后就去了房子的其他房间。

当我们走进第一间客厅时，我认出了一个灵体，她比我们在门厅里遇到的那些灵体都更加强大。她的存在更加明显。我知道这会为我们提供一些有趣的东西来处理，但在我提到任何东西之前，我让布吉塔开始对房间进行分析。我问布吉塔她想从哪里开始，她立刻指了指那个灵体坐着的那把带有厚厚软垫的椅子。那个灵体是一个年轻的金发女孩，看起来有七八岁的样子。她穿着一件在三十年代很是时髦的白色短裙。她很高兴，也表示了关切，但我看不出她关切的是什么。

我和布吉塔一开始只是想帮她清理，但没用。我问那个女孩的灵体她是想留下来还是想离开这所房子，她告诉我她确实想离开，但她不被允许这样做。我向布吉塔解释了我获得的信息，然后她说："这太奇怪了。"她把我带到另一个房间，那里有这个年轻女孩在30年代的老照片。然后，布吉塔在抽屉里翻找，在客厅的一个小盒子里找出了女孩的另一张照片。这个女孩是布吉塔隔了两三代的表妹。她英年早逝，死于热病，她的守灵仪式就是在这房子里进行的。这向我解释了她为什么在这里，但没有解释她为什么不能自由离开。

因为我做的一切都不能清理掉这个存有，所以我们离开了她，继续向餐厅走去。我问布吉塔她想从这个房间的哪里开始，她立刻指了指角落里的一个大桃花心木瓷器柜。我们使用了通常的灵体清理提问，但围绕着这件家具的能量并没有改变或转化。我们不得不进一步调查。正如我所怀疑的，那是个异界门。我和布吉塔就此进行了讨论，我们一起提问："这是一个异界门吗？"我们两个都得到了"是的"。

旁注：如果到目前为止你还没有觉得这本书很诡异，那么它马上就会了。

异界门是出入口或窗户，灵体通过它进出这个实相或维度。如果你不相信多重维度，科学已经就此证明了，所以就相信吧。一个人、一个地方或者一样东西都可以成为一个异界门，就像电影《纳尼亚传奇之狮子、女巫和衣橱》中的衣橱一样。

关闭异界门通常是非常容易的，它可以在人们的生活和生活空间中创造重大的转变。通常你只要要求异界门关闭，它就会关闭。异界门也可以有一个强制执行者或看管的灵体来保持异界门的开放。但是，如果有一个或多个这样的强制执行者或看管的灵体保持异界门的开放，你将无法关闭它，除非这些灵体被移除掉。

在这种情况下，我们试着关闭柜中的异界门，但无法关闭它。我片刻之间就把这些线索联系到了一起。在另一个房间里的年轻金发女孩的灵体是这个异界门的看管灵体。我问那个女孩是否想继续做这份工作，她回答说："不。"我所要做的就是告诉她，她做得很好，现在可以走了，然后，噗！她就不见了，异界门也不见了。

有趣的是，如果你愿意看到那些"盒子之外"的东西，你可以不费吹灰之力来创造巨大的改变。

想想人们在改变他们生活的某些特定领域上付出了多少的努力，比如他们的关系、身体和金钱状况，而其实问题可能一直是灵体造成的。

从餐厅，我们来到了厨房，那里的能量非常混乱。有一扇门通向后院，一扇门通向食品室，还有两扇门通向其他用于交际和特殊场合的大房间。厨房是这家人度过大部分时间的地方。所有家庭活动的能量都还在厨房里。它给人的感觉就像纽约的地铁站一样繁忙。我感觉到了一位小老太太的活力，但我没有对布吉塔提起这件事。我在等着看她会不会自己感知到。

"这个房间你想从哪儿开始？"我问。

我们清除了一些不同的能量，然后她看到了一些会永远改变她生活的东西。到目前为止，布吉塔还未有意识地看到一个灵体。这对大多数人来说都是如此。除了偶尔一两次会瞥到某位已故的亲人或类似的东西，人们会迅速地关上对灵体的大门，无论是出于恐惧还是不相信。

布吉塔站在那儿，像棵大树一般纹丝不动，嘴巴张得大大的，眼睛都瞪了出来。

她冷静地看着我，然后告诉我她刚刚看见了她的伯祖母。

"她为家里的特殊场合做饭。哦，原来如此！她在从食品室走到火炉边去了！"

布吉塔有点震惊，她一直看着我，想证明她真的看到了。我什么也做不了，只能尽量把她亲眼看到了鬼这件事变得不奇怪和合理化。虽然这对我来说是家常便饭，我觉得根本没什么，但看到这些东西似乎会让人们震惊无比。我们正在取得进展，布吉塔的觉察和感应力正在觉醒和扩大。这是她所请求的——请求，"你就会接收到。"

对于她能如此清楚地看到她的伯祖母，她感到非常震惊。我看到了一个机会来把布吉塔的觉察打开更多，所以我建议她们进行一次对话。

我向布吉塔解释，灵体并不总是知道它们已经死了，或者它们正在做什么。

我解释说，我经常提醒这些灵体它们已经死了的事实，以及它们可以做出其他的选择。

所以布吉塔的第一个提问是，"你知道你死了吗？"伯祖母回答说："当然，亲爱的！"

然后我们问："那你为什么还在这里？""我在做饭啊。"

"给谁做？"

听到这个问题，伯祖母的空间里响起了一阵哔哔声。她没有问过自己这个问题，甚至没有注意到没有人吃她做的饭。这类事情经常发生在那些认为自己从事某种特定活动的人身上；他们似乎没有注意到他们可以选择做一些不同的事情，所以他们死后只是在继续做同样的事情。还有比这更诡异的吗？

奇怪的是，人们有多么的相信当你死的时候，你会变得比你活着时更厉害或者类似的东西。这不是真的；存有们常常在来生继续他们的角色，甚至没有注意到事情已经改变了。

我和布吉塔成为了邀请她的伯祖母离开的振频，伯祖母最终决定离开。为灵体成为一份振频与和它进行对话是不同的。和活生生的人交谈需要更长的时间。灵体沟通是非常快速的。它们用一种快速下载的方式进行交流，而不是像我们交谈时那样用线性的句子。这是因为它们对时间和空间的体验与我们不同。在你结束你的想法之前，它们已经在回应了。你可以在瞬间与灵体处理大量的概念；你不需要花时间在词汇上。所以我们邀请布吉塔的伯祖母带着我们的振频离开——没有言语，但带着另一种可能性的振频。

我发现用这种方式与灵体沟通要容易得多。如果你试着把速度放慢到正常的对话节奏，你会错过很多东西。

对于灵体，你必须有心灵感应，而这可能是非常非线性的。灵体会立刻给我画面和感觉。它们会马上给我全部的下载信息，而我得破译那些故事。如果你看过电影《黑客帝国》，你就会更好地理解什么是下载。它是你立即接收到大量信息的地方。你是否曾经在任何时候有过一股冲动、一股震荡或一股颤抖的能量穿过你的身体？这就像下载一样。它来得快去得也快。对于灵体，我已经学会了放慢信息流并捕捉它，从某种意义上说，这样我就可以传递信息。为了做到这一点，你必须确保自己保持警觉和觉察。有时它们的交流非常微妙，有时又非常详细或激烈。

为了真正地接收来自灵体的沟通，你必须首先也是最重要的是信任你自己。相信这不是你在胡编和你也没疯，在所有这一切中起着巨大的作用。

在对厨房感到满意之后，我和布吉塔开始来到房子的其他地方，清理了更多的灵体。我们的清理结束时，我们的头脑被我们在这个以前人口过多的房子里所创造出来的轻盈和空间所震撼。当我们回到谷仓检查灵体时，我们发现我们刚到时曾经在那里的所有的灵体都已经消失了。通过清理所有的灵体，我们已经在房子里创造了如此多的转化和能量，在谷仓里的存有们全都同时离开了。

清理房屋可以很容易，也可能需要很多工作，但这总是一种教育经历。我总是被每一种情况的独特性所震撼。清理灵体没有单一的方法，至少我还没有发现，而且有那么多奇奇怪怪的东西存在着，要是没有灵体，我将永远无法看到它们。谁说魔法不是真的，谁就是个十足的白痴。

在阴森的夜晚帮助我妹妹

在我们家，我们开玩笑地称我的妹妹格蕾丝为"玛丽莲·蒙斯特"。我们嘲笑我们其他人是如此的……怪异，而格蕾丝是如此的正常。她为人善良、礼貌有加而又甜美可爱。她甚至生下来就有一头金发，而我们其他人的头发几乎都是黑色的。她是四个兄弟姐妹中的老么，也一直是把我们凝聚在一起的纽带。

格蕾丝似乎总是能够投射或让自己看起来是"正常的"，同时相信在正常之外，存在着像鬼魂和意识等等这类奇怪的东西。她一直相信这一点，但从未真的屑于公开谈论这些。她把这一切留给了更直言不讳的兄弟姐妹和父母，他们会对任何愿意倾听的人谈论我们在宇宙中看到的奇怪事情。格蕾丝更喜欢甜美的微笑，让人们对正在讨论的任何政治上不太正确的话题有自己的觉察和结论。

但这一刻终于到来了，格蕾丝再也无法避而不见和不处理她姐姐处理过的一些奇怪事情。

那是一个夏天的凌晨两点钟,我当时在旧金山。当我醒来时,收到了格蕾丝发来的短信,她当时在圣巴巴拉。

"香农,你什么时候回家呀?"她问道,"我害怕一个人在家睡觉。"加利不在家,根据我的个人经验,他的房子离圣巴巴拉的西班牙老教堂很近,所以我知道灵体们可能非常活跃。

在1786年建造教堂的许多印第安人和西班牙人都被埋在了他家旁边的土地。

此外,灵体们似乎被加利所吸引,而他对与它们同居一室没有任何的观点。

几年前,我睡在这所房子里,几乎被我所经历的无数次造访所淹没。房间里不断有各种各样的灵体在流动,更不用说一个站在床边不停说话的灵体了。第二天早上,我对加利说:"你怎么睡在这房子里?有这么多的灵体!"

他说:"你的意思是?""它们不干扰你吗?"

"不,我没有把它们变得有什么大不了的。"

这对我来说是一种看待事物的新方式。

当我听到格蕾丝说她睡不着时,我清楚地知道她在经历什么；我知道那不是她的幻觉。第二天早上，我打电话给她，听她报告了她夜间的冒险经历，并问她我是否能帮上忙。她告诉我，她在恐惧和盗汗中醒来。打电话找不到人，她就看电视，一直看到早上6点。天一亮，她就发现自己可以睡觉了。

我开始问她，她正在经历的事情是否与灵体有关。我知道，她也知道，但问这个问题让她大声承认了这一点。我问她是否想让我教她怎么处理它们。

"是的，"她说，她不确定自己是否愿意同意，但也意识到，经历了这样一个夜晚，她别无选择了。我也知道这是一个帮助她学习如何处理灵体的机会。

我让她坐下来，调频连接能量。通过这样做，她只是简单地对灵体们说"是"，能量就可以在他们之间自由流动起来。调频就像你在海滩或山上真正感受那种氛围一样。你让空间影响你，然后安静下来。仅仅是临在于一些无法用语言和你交谈的东西，并感受那种气氛就可以是一个好的开始。

"好的，现在，你感知到了什么？""我觉得头晕。"

"好，"我说。"继续这样做。保持临在。"

头晕是因为她正在推倒她与灵体之间的屏障。在头晕的情况下保持临在会使她在夜里所抵抗的屏障荡然无存。我们基本上是打开了通往觉察的大门，好让觉察可以通过。

像大多数人一样，她有意无意地在这些灵体出现时竖起了一道巨大的屏障。她的晕眩是由于屏障降下后空间打开得更大的结果。意识会让你感到富有空间，也会让你感到头昏眼花。大多数人认为这是件坏事，但事实并非如此。

现在请注意，当我让她调频到她对灵体所感知到的任何事物时，它并没有以言语或画面的形式出现。它以头晕的形式出现。

这种感觉或觉察的头晕目眩是灵体在与她沟通。

我与人和灵体进行的很多工作都是非语言的。仅仅通过看向某个特定的能量或觉察到某个特定的灵体，它就会开始改变。这需要所有相关方都愿意变得非常有觉察并承认一些非常微妙的东西。

所以首先我们临在于那份能量，好让它可以告诉我们如何进展下去。

问她这些最初的几个问题，让我们俩都打开了这些灵体所呈现的能量。

对大多数人来说，这种能量的波动是如此的微妙以至于很容易被忽略，但是通过定期的练习，一个人可以培养对能量的节奏和转变的敏锐度。有了这种敏锐度，心灵感应和通灵交流可以更容易地得到识别和接收，特别是与灵体。

"酷！"我对她说。"这是你第一次与灵体进行彻底的沟通。

这可能并不意味着你有语言或想法，但这仍然是一种能量层面的交流。"

她问："它们就需要这个吗？""是的。"

"哇，这比我想的要容易得多。"

在这个例子中，格蕾丝不用语言，当然也不用她的头脑，就能与灵体沟通。

我发现与有身体的存有们和无身体的存有们之间的交流有10%是语言交流，90%是非语言交流。

每个人总是认为他们无法与灵体沟通，因为他们无法"听到"或"看到"它们。这种思维方式会让人变得迟钝，并限制到可能出现的东西。如果你承认显现出来的能量和觉察，并且不进行逻辑意义推理或加以定义，那么理解灵体的沟通就会容易得多。

"还有多少灵体需要你处理的？"我问妹妹。

我感觉到她的犹豫。我问，"你会摧毁和不再创造所有你认为这不可能在发生着，以及你不能真的做到的观点吗？"

"是的，"她说。

我又问了一遍："现在，还有多少灵体在等着你处理的？"

"很多！"

"它们想和你还是和别人说话？""别人。"

我说，"即使它们想要进行的交流不是为了你，它们也能看到你能听到它们。所以它们才会来找你。如果你接收它们的信息，它们会在能量层面传送或下载给你。你不需要听到信息来知道你收到了信息。你只需要觉察到那份能量。"

当要被传达信息的人在路上从你身边走过，在高速公路上从你身边驶过、和你握手，或者从你身边经过时，这种能量交流就会从你身上传递给他们。这样，我们就成了能量移动和交换的管道。"

通过这样的方式轻松才发挥了效用。当格蕾丝意识到这是多么容易时，她感到了极大的宽慰。她原以为她必须从认知上弄清楚所有的灵体在说什么。虽然这是一种与灵体和其他一切进行沟通的方法，但它不是唯一的方法。

我能听到她在想这将如何改变她的生活。看到了提高效率的机会，我问道："你能一次与一群灵体讲话吗？"

"是的。"

"你一次能处理几个？"我问。"多于十个，还是少于十个？"

"大约五、六个，"她说。"太好了，我们来处理五个吧。"

我请她再次调频，并允许五个灵体同时下载它们的信息给她。我解释说,当你把你的认知思维挪开、允许自己接收能量信息时,下载就会发生,她可能会感觉到任何东西,从轻微的颤抖到强烈的震动般的频率移动穿过她的身体不等。

格蕾丝开始接收来自灵体的信息,当它们完成给她的下载时,我们都感知到灵体一次一个地掉下来,直到第五个完成。整个过程只花了几分钟。

我们又处理了几组。每一组灵体离开时,我都感到一种嗖嗖的能量。我们来到下一组,清理同样也非常快速和容易。有如此多的灵体在那里等着她,因为它们知道她能以其他许多人不能的方式帮到它们。它们知道她可以协助它们,尽管她自己并不完全明白这一点。

然后,我们都觉得自己撞上了更密集的东西。格蕾丝在这个过程中一直很平静,现在变得很恐慌,她说了出来。当我看向这能量时,我可以"看到"我们正走向一个特别为她而来的存有。我们遇到了一个有话要对她说的灵体。

"你能听见它在说什么吗?"我问。

戴上警探的帽子,我开始问问题,让我们俩都清楚这个灵体需要发生什么。我开始问,"它是想要得到一个身体,还是别的什么?"

格蕾丝说:"得到一个身体。"

她的胃立刻开始疼起来，它给了我们两人一个它想成为她孩子的画面。

"它想成为你的孩子吗？"我问。"是的。"

然后我问了她一个显而易见的问题："你想要孩子吗？"

"不，不，绝对不，"她说。

"告诉它：'我没有怀孕，近期内也不打算怀孕。所以，如果你想拥有身体，你得找别人来为你创造。'"

这似乎并没有动摇那个灵体的意志。对我来说，这表明这份关系中有一部分是格蕾丝无意识创造出来的。也许她曾经在另一世对这个存有许下了承诺，诸如"我会永远照顾你"或"我会永远爱你"或"我会永远在你身边"之类的。

我经常碰到这种事。很多人身边都有灵体，这些灵体是他们在其他生世中以某种方式承诺于的。就像在婚礼上你说"直到死亡将我们分开"，但如果你是一个无限的存有，你会死吗？就我所知，我们可能以灵体的形式在其他维度徘徊或缠着别人，因为我们以某种方式对他们做出了承诺。

这个灵体就在那里，等着她像她说过的那样照顾它。唯一的问题是格蕾丝已经完全忘记了这份责任，现在也没有兴趣履行这个承诺。

我问她:"你会摧毁你对这个存有的誓言、誓约、血誓、效忠、承诺、有捆绑和无捆绑的合约吗?"

你在任何生世或实相中做出的任何承诺或决定都可以被撤销,就这么简单。

"是的!"

但是能量仍然没有得到改变!

我问那个灵体它是否会摧毁并不再创造它所有的誓言等等。

"是的,"它说,就像我觉察中飘过的一个影子。

能量变轻了,说明这创造了一份转变,但它仍然没有离开。

我问格蕾丝:"真相,你愿意放开这个灵体吗?"

对这个提问,格蕾丝和我都意识到她在一定程度上想要抓住这个存有不放。我们都意识到,这个存有已经陪伴了她很长时间,以至于她没有意识到这是一种与自己分离的感觉。她无法想象没有了它,她的生活将会是什么样子,但在与一位老朋友诀别后,她给了它自由。

当这个存有离开的时候,格蕾丝和我都轻盈了好多。

她说:"我感到很难过。"

我告诉她:"我理解,因为这个灵体,已经成为你的一部分这么长时间了,而现在它已经不在了。"

我告诉她,如果她愿意,它会回来的,她很快说:"不!"

在我们谈话之后的日子里,格蕾丝的整个生活都改变了。实际上,她的衣服尺码缩小了两个码,还有她说她从未意识到这一点,但她耳朵里一直萦绕着的嗡嗡声也消失了。

通过面对那些她无法相信存在的东西,她能够改变自己生活的很大一部分,就像那样。

我相信每个人都可以有这样的转变和改变,如果他们想要的话。这所需要的全部只是有勇气去面对我们可能认为可怕或极不可能的东西。

换岗

我和两个女朋友在西澳大利亚州的吉吉甘纳普骑马。我去珀斯参加加利要教的一门Access课，然后决定和一位好朋友一起转转，他在珀斯44公里外有个养马场。她邀请我去看看她的马，然后下课后一起去骑马。

在一个阳光明媚、风和日丽的日子，我和两位女友驱车前往吉吉甘纳普，我们穿过一望无际的干燥沙丘和尘土覆盖的绿色桉树林。我的朋友、这些马儿的主人是一个身材高大、金发碧眼、体格健壮的澳大利亚人，她和她的男朋友和十二匹马儿住在一处占地四英亩的土地上。她把我介绍给了所有的马儿，然后按这个顺序介绍给了她的男朋友。我要骑一匹美丽的荷兰热血宝马，它的名字叫林肯。林肯是栗色的，英俊高大而有礼貌。它是牧场里最高大的马，但我的朋友向我保证它有一颗最温柔的心。我的第三个朋友是我在新西兰认识很多年的老朋友。在我们再次启程去世界各地旅行之前相聚的那几天里，我们享受着每年一次难得的相聚。

那天非常的热，我穿着冲浪短裤和人字拖，这是骑马的最佳装束——才怪。我朋友把她多余的半条皮套裤借给了我。我穿上这些来保护我的腿，并借了一双鞋。我看起来太棒了。然后我双手跨在马鞍上，把自己拉上了林肯。

我们决定骑着马在牧场用篱笆围起来的几片大草场上转一转，熟悉一下我们的马儿。我们边悠闲地散着步，边聊着我们的生活，彼此咯咯地笑着，说着稀松平常的话儿，很高兴我们都还活着。时间流逝，太阳升得更高了。我们再满意不过了。

我们决定策马小跑看看感觉如何，就像以前几百次做过的那样。那是我醒来前记得的最后一件事，我仰面展开，躺在地上，凝视着那广阔、湛蓝、无云的天空。

对刚才发生的事我根本一无所知。我所能感觉到的只是我脑袋里的悸动或者我以为在悸动的东西，但我真的没有以那些从未被打晕过的人所能理解的正常方式来思考或感知。

我完全感应不到自己所处的实相，而回到这个实相的旅程一下子变得痛苦不堪，甚至可以说是迷离恍惚。我能感觉到我的女朋友在为某件事难过，因为她坐在我的头上一直哭个不停。后来我才知道，她怕我死了，或者怕我马上要死了。毫无疑问，是她祈求我回到自己的身体里，才把我从我的太空旅行中带了回来。在接下来的几个星期里，我完全康复了，我回想起自己在体外的情景，看到了我面前的两条路。一条回到这里，而另一条……?

我注意到朋友们强烈的感情伤害了我，所以我让他们冷静下来。感觉就像他们的担心要把我的脑袋拍扁了。在这种情况下，他们尽最大努力放松，我们三个在牧场上坐了很长时间，而我则试图重新计算我生活中的坐标。

后来我问她们我恢复意识时是什么样子。她们都告诉我她们真的很害怕。她们告诉我，我一遍又一遍地问着同样的问题："我住在哪里？"她们告诉我，我问了她们二十多次这个问题。她们一次又一次地告诉我，我住在加州，在澳大利亚上Access课程。然后我问她们，"什么是Access？"失忆症是一种奇妙而神秘的东西。

我记得我看着我们周围的桉树想："多么奇怪的树啊，这是一个多么奇怪的地方啊。"

我知道当事情进展不顺利时，我有工具可以帮助我，但我不记得它们是什么，甚至不记得我为什么要使用它们。这时，我朋友的男朋友已经加入了我们的行列。然后我想起了有马和我们在一起。我问马去哪儿了。他告诉我他已经把它们收起来了，这表明我已经昏迷了一段时间。他和我们一起蹲在泥土里，对着我咯咯地笑。这使我心情大为轻松起来。他对着风说话，说我看起来像个矿工。我的整个右半边脸都被泥土和泥浆弄脏了，但我感觉不到，也没有注意到。我鼻子里有那么多泥，所以我后来洗澡时花了十分钟才把鼻子弄干净。我们都笑了,我的笑声很快变成了泪水。这不是悲伤的眼泪,而是那种当你内心深处的某些东西发生变化,以及你刚从一匹大马上摔了个狗啃屎时,你会哭出来的眼泪。

我很难描述,也许其他人也难以想象,这一经历有多么深远。我就像一个刚出生的婴儿磕了药。当我开始获得越来越多的意识时,我开始强烈地意识到我朋友的感受。我几乎无法忍受这有多强烈。我以前怎么就没注意她是这样的呢?我真的这么没觉察吗?

我觉得我被她的想法灼伤了,就像她在对我大声吼叫,频率之高让我无法忍受。我所能做的就是试图屏蔽这些信息,但过去我曾用来屏蔽这种觉察的东西消失了。我几乎不能忍受看向我的金发朋友,因为她看起来如此悲伤,我想看她一眼都会杀了我。她当然关心我,这些感觉是很明显的,但我不能把事实推断出来——她难过是因为我受了伤。我能感觉到她的心烦意乱就像把锤子砸在我脸上。还有她曾经感受过的所有的感觉;它们都在我面前令我不堪忍受地清晰呈现出来。

与此同时,我感知到了所有这些痛苦,我感受到了前所未有的最深最扩展的平和。当大脑以正确的方式被震动时,它的能力是惊人的。

当我意识到我们有多么不注意我们的觉察时,我被震撼了。在整个事件之后,当我完全康复的时候,我意识到,我感知世界的方式就是一个新生儿感知世界的方式。我完全没有任何的防备，很容易接收别人头脑里的一切。

在这个新世界里，泥土里的蚂蚁似乎都在影响着我存在的每一个分子，广阔的蓝天似乎在打开我的胸膛，试图将我的心从一生的压抑和自我评判中解放出来。

我不能直视任何人的眼睛超过一秒钟，因为我害怕被他们的感觉吞噬掉。我无法形成连贯的思想或句子。

他们不停地问我想做什么，我只能哭着躺在泥里，或者爬到树旁，抱着大树更厉害地哭起来。

当我开始醒过来的时候，我越发追问我的朋友们为什么我们都在这里。不是我们为什么会在养马场，而是我们为什么会在这个星球的这个现实世界里。我不明白为什么我们会选择这么多痛苦。我突然感觉到地球那巨大的力量与平和，以及被称为人类的充满恐惧、悲惨、焦虑、垂死之物种。我从这里就能看到人们有多疯狂。地球将如何让我们生存下去，我将如何在这个地方生存下去？然后，当一只松鼠爬上树干时，我的注意力就会被远远吸引到牧场的另一边。我会惊叹于这只小动物纯粹的快乐，并为它的快乐而哭泣。

这像是我嗑过的最好的药，我在这辈子最糟糕的旅行和最美好的旅行之间摇摆。我已经完全离开了我所熟悉的实相，进入了一个兔子洞的仙境。如果我集中或注意到我周围世界的一种能量或移动，我将完全进入它，就好像我能看到它存在的每一个面向。我不再与任何事物隔绝；我能感觉到所有的东西都在随着能量脉动——或者那只是我的脑袋？

当理智的声音把我拉回到这个地方时，我与之斗争，尽管如此，我还是慢慢地恢复了"理智"，我被说服去洗澡，然后上车。

我想了好几次，这一定就是弱智的感觉。我不在乎这是不是我留下来的方式。我感到前所未有的自由，尽管我似乎在为自己的外表和行为不正常而付出代价。

我的身体表面没有任何擦伤或瘀伤。

在我按日程安排乘坐五个小时的飞机飞往澳大利亚东海岸之前，我有两天的时间来恢复。那两天我躺在床上，处于脑震荡昏迷状态。

慢慢地，世界重新聚焦，但一切看起来都不一样了！我说不出有什么不同；我只知道不一样了。我不知道什么时候想吃什么东西。我必须弄清楚，好像是第一次，我用哪只手来写字一样。在那些日子里，我的身体被照顾得很好。它知道该做些什么，尽管我已经失去了一切感受。

我奇迹般地上了飞机，并在飞往布里斯班的航程中活了下来。

我觉察到的一件事是脖子上一阵剧痛。我问我的一个朋友，戴恩·希尔医生，能否帮我调整脖子。戴恩是我们家的好朋友，他是个了不起的人。他来到Access之前是名整脊医师。他不仅调整和治疗你的身体，还有能力调整和治疗你的存有和人生。他是一个创造奇迹的人，成百上千的人可以证明这一点，我很幸运有他这样一个亲密的朋友。满怀着对感觉好一些的期待，我在按摩床上躺了下来。

戴恩没有把手放在我身上，而是歪着头站在那里盯着我。他会把他的手放在我的脖子上，然后缩回来，抚摸他的下巴。

我看得出他很困惑，但我不知道他在看什么。

我们同时问对方发生了什么。戴恩先回答起来。

"嗯，你变得不同了？"

我心里想："呃，当然"，但我还是问了他是什么意思。然后他投下了一颗炸弹。

他说："嗯，你看起来真的不同了，我是说完全不同了，像一个新的人。你是一个新的存有吗？"

我以为他是在比喻我，我说，是的，我感觉像换了一个人。

但他的意思是我真的是一个全新的人。是不是我曾经所是的存有离开了，然后一个新的占据者或者房客来到了这个身体里？在层层的猜测和怀疑中，这一切开始渗透进来，突然之间，一切都变得更说得通了。我明白了为什么我不能弄清楚我的身体想要什么，或者如何做一些简单的事情，比如刷牙。当然这身体还记得大部分必需的东西；我只是第一次和身体产生关联。我真的觉得自己像个新生儿，有着这个奇怪的大身体。

戴恩提出的问题似乎令人难以置信，但同时又感觉很精准。当这一切开始被我理解的时候，我感知到香农一号（我喜欢这样称呼她）正站在我躺着的按摩床旁边。她看着我，请求我允许她离开。戴恩和我都哭了起来。我知道这本书里有些事情很奇怪，这个故事也很奇怪，也许比其他故事更奇怪。

如果我没有亲身经历和接收到透过这一切我在意识上来到的最巨大的转变，我会认为因着我拥有的我所描述的经历，我是属于疯人院的。

我能感知到先前居住在我身体里的存有就站在我旁边。我能看出她不是我；她感觉起来和我不一样。她很伤心，但也因为要离开而感到解脱。她告诉我，自从这副身体十四岁起，她就一直在等我，但因着情形的变化，直到现在时机才成熟。她问我是否可以照顾她的母亲。我觉得这很感人，也很奇怪。现在的母亲不就是我的母亲吗？

就像一个巨大的重量又一次从我身上卸下。突然之间，一切都变得更轻、更清晰，似乎一切都闪闪发光、轻松自在。

感激和改变的泪水不可抑制地滚落下来。我告诉香农一号，是的，她可以走了，我已经准备好接手一切了。自从我在西澳大利亚的吉吉甘纳普的泥巴里获得了意识，她就一直试图和我谈论这个话题，我只是没有注意到或明白在发生什么。有一些神奇和怪异的朋友帮助你看到你所漏掉的东西是多么有帮助。

香农一号一离开房间，我的内心就燃起了一束光。这就像一朵我一直无法逃离的乌云终于从我内心深处的某个地方消散了。

在秋天过后的几个星期里，我和我周围的每一个人都经历了一个更轻盈、更光明、更善良的香农。香农一号受到某种恶魔的折磨，那是她小时候因为各种各样的原因以及她在十几岁嗑药时染上的。就好像她为我保留了一席之地。在这里，她可以接受并处理一些人在这个世界上成长过程中可能遇到的所有疯狂和虐待。那些恶魔也跟着她走了。剩下的是我，一个更加敞开于更多可能性的存有。

到目前为止，从马上摔下来是我一生中最具转化性的经历。很多看似一成不变的性格和行为都消失了。我生命的很多领域，或者说先前占据者的生命中曾经是大问题的一切，现在都得到了解决，我感受到莫大的放松和宽慰。在事故发生后的一个星期后，我和加利开玩笑说，对于改变所有人需要做的只是头部受伤，然后他们醒来后就会变得不一样了。

他会笑着说："关于生命你需要知道的一切都可以在马背上学习到。"或者从马背上摔下来，就我的例子而言！

第三章

"在高中，你学的是代数，而不是学习
'理解通灵能量和与灵体沟通101'。"

~ 香农·奥哈拉~

节选自
《与灵对话》
课程的记录

2008年澳大利亚

香农：这门课将辅助你认识到你自己在灵体方面的能力。如果我们愿意，灵体可以成为我们的一项巨大资产。请觉察到，这里有些可能和可用的东西，你可能从来没有考虑过。

我希望你们多多提问，因为提问会引导课堂的方向。如果你愿意带着你的觉察步入某种程度的效力当中，我们真的可以玩的很开心。

灵体的广阔领域迫使我拓展我的感知力，因为它是如此难以定义。它与这个实相是如此不同。它不以时间运作，亦不是线性的，每个单一的灵体或能量都是完全独一无二的。每个灵体的故事和磁性印记都是独特的；它们总是不同的。

你永远不可能就此自动驾驶。没有线性秩序供你遵循，亦没有永远适用于所有灵体的配方公式。它总是不同的，所以有能力和意愿去看向它是什么，而不是你认为你应该看到什么，可以打开一些非常酷炫的大门。

那么什么是灵体呢？灵体是一种困在某一身份、时间或地点的能量。所以当你们说："我是某某"或者"我是一个女性"或者"我这么多岁"或"我是人类"时，你在创建一个定义和身份，透过它你实际上制定了一个能量层面的磁性蓝图，那会形成一个单一的灵体，即使你的身体死了，它将作为被定义的你存在，直到你选择不同的东西。

选择真的是大多数人，有身体和没身体的，都没有意识到自己所拥有的关键所在。

问：所以你的意思是即使你的肉身死了，你的灵体仍然在这个实相中存在，除非它做出不同的选择？

香农：是的，不总是这样，不过是的。这也是一件事，每次你的身体死去，你就会带走你所知道的、做过的、成为的和想过的一切东西的磁性印记或蓝图。所以你，作为一个灵体仍然存在，但不是和你现在所经历的这个身体在一起。

问：你能看到灵体吗？

香农：是的。

（同一位学员）**问**：我怎么才能看到灵体？

香农：你有没有从眼角瞥见过有东西飘过，然后那里什么也没有？

学员：是的。

香农：那是一个灵体。所以看到和觉察到灵体的第一步就是每次你看到和每次发生这样情形的时候进行承认，而不是不予理睬，说"哦，这没什么。"这是关于认可你所感应到的，即使它毫无道理可言。

你是否曾经走进一个房间，然后说"哦，这太诡异了"或者"我现在就想离开"？每次你予以承认时，你的感知和能力就会变得更强。每当你忽视、否认、抗拒或拒绝它们时，它们就会削减。其他阻碍人们感知和与灵体建立关系的东西是人们对灵体的投射和期待，当然还有人们的恐惧。

恐惧是一个非常大的话题，希望一旦人们开始对灵体世界的真实情况有更多的了解，并不再买入他们在书中读到的和在电影中看到的东西，他们就可以开始拥有更棒的觉察和与灵体更多的平和。

你们都倾向于期待灵体以一种特定的方式展现，而正是这种期待让你们无法感知到底是什么在那里。

人们开始改变他们对灵体的投射、期待和恐惧的方式，是摧毁和不再创造他们从其他人那里买入的有关灵体的一切。把它全部归还给发送者，希望当完成足够多的时候，你会开始意识到他们自己对这整个事情的实相是什么。

你决定了灵体应当看起来是什么样和成为什么样的所有地方，是否会统统摧毁不再创造？改变这一切，容许它以它想要的任何方式展现，而不是以你期望的方式或评判它应该成为的方式展现。

所以看到灵体对你们意味着什么，因为恰恰是你通过时间创造和买入了关于灵体的那个意义使你陷入某些特定的观点当中，进而让你更难看到它的本然，而不是你"认为"它应当如何。

答：我猜灵体意味着一种责任，骗术，幽灵。

鬼！迷失的灵魂！被卡滞着！

香农：是的，这难道不是很有趣吗？事实是灵体就像我们一样！这是关于觉察到不同的能量，这样你就能接收在那里的东西，而不是你"认为"在那里的东西。那需要什么呢？人们倾向于从灵体是大而可怕的存有的观点来运作，它们是出来对付你的，而且它们一定都是坏的。事实并非如此。

问：在我的生活中是否有灵体在阻碍我？

香农：哈哈，是的，人们喜欢把很多事情归咎于灵体。所以真相，在你的生活中是否有灵体在阻碍你，还是实际上有一些存有的目的是想要帮助你的身体的？

答：哦，哇，好吧，关于帮助我的身体的提问更轻。这太有趣了，我从来没有这样想过。我要怎样才能听到它们说的东西？

香农：一个更好的提问可能是，"怎样才能接收更多？"因为接收更多会使你得到它们所在给予的。

那你在你自己的身体里觉察到了什么呢？现在，你们所有人都能做这个，请求在这里的灵体们来辅助你的身体，并给你一种你无法逃避的感受。所以，你感知到了什么？

答：我头部有种压力。

香农：所以现在要求在这里的灵体们来促进你身体的健康和意识，从而来给你一种你不能错过的感应。现在你注意到什么了？

答：这不是压力；感觉轻多了！是的，哇哦，我全身都在发麻。

香农：这是开始培养你对它们和它们的临在的敏感性的方法。你的身体比你更愿意有意识，所以它可以记录信息和感应，而这些信息和感应可以引导你来到在灵体方面更大的意识。你的身体是一个巨型灵体接收器。你的身体一直在与你交流，在能量层面给你那些你可能错过的关于你周围正在发生着的事物的信息。但大多数人会错误地说："哦，我好热"或"哦，我的头好痛"。

这可能是你的身体告诉你那里有一个灵体的方式。它还会以很多其他方式展现，比如咳嗽、手脚发痒、起鸡皮疙瘩等等。

问：当我去参加葬礼时，我会无法抑制地抽噎和哭泣，而不管是谁的葬礼，我真的都会这样。这是什么情况？

香农：你从其他人那里拾取了多少他们没有在表达的信息？这将是一个经典的"这是属于谁的？"的案例。

学员：我真的很想感觉或感知到灵体，但我没有感觉或感知到任何东西。

香农：你必须开始承认你所的确感知到的东西，以及它是如何为你展现的，就像你身体里的各种感受一样。与灵体的交流是非常微妙的，这关乎培育你的五感之外。每个人的表现都不一样，所以没有唯一正确的方式。这是关于增强你对自己的信任，并愿意拥有它。

它是关于从你已经决定了是真实真切的东西中走出来，改变你的感知方式和你愿意感知什么。

问：那么所有这些出现在我面前的怀疑是什么？

香农：怀疑总是一种干扰物，它旨在将你干扰于在那之下或背后所在发生着的事情。恐惧也是一种干扰物。干扰物让你无法看清对你来说真实的一切。怀疑从来都不是真的；你可以问问自己，在怀疑或恐惧的背后是什么。

学员：是的，我感觉有一种能力或什么东西，那是我不确定我是否知道如何处理的。

香农：好的，这些干扰物很多时候会阻止你看到你自己的效力或能力。我们害怕自己的能力，这难道不是很有趣吗？一切事物都是与其表象相反的，没有任何事物是与其表象相反的。

如果你愿意，意愿是很重要的一部分。如果你愿意克服恐惧和怀疑，不把它们买入为真的，你就能来到更多的你和更多的你的能力。只要你继续买入怀疑和恐惧，你就会继续在该领域受到限制。

我觉得很有趣的一件事是人们有多么的在把如此多的力量交托给了这些灵体。人们倾向于相信他们在电影中看到的和在故事中听到的关于鬼魂的一切。这很有趣，因为灵体就像人一样；它们和我们一样。有些灵体很聪明，有些不聪明；有些甚至不知道它们已经死掉了。

问：我知道我把这个能力封锁在外。我已经关闭了我的那一部分。这只是一个选择的情形吗？

香农：是的，当然。选择永远是第一位的。然后摧毁你所有的决定、评判和结论会真的能帮助你摆脱所有让你为难的东西。

同时请记住，觉察就像肌肉一般。每当你否定它、忽视它、否认它，它就会变得更虚弱。每次你说："哦，是的，我确实察觉到了！"你予以认可，在你认可的过程中，这觉察就会变得更强。你可能在认知层面不知道你在感应到什么，也没有办法去理解它，但如果你承认曾经有或正在发生一些事情，那么一切就会开始变得更轻松。当然，要求它变得更轻松也会有帮助，而不是不断地强化它是困难和可怕的。

问：有时当我睡觉的时候，我会听到有人叫我的名字。它如此的清晰以至于我会起身，以为是我男朋友，我上班要迟到了什么的。我会跑出卧室，我男朋友已经走了，屋里一个人都没有。我发誓我清楚地听到有人叫我的名字。

香农：是他的声音还是你认为是他的声音？

答：不，我以为是他的声音，但不是。这种事在我身上发生过很多次了。

香农：你住的任何房子里都会发生这种情况吗？

答：实际上我觉得是的，但我觉得它主要发生在我们现在住的房子里。有一次，当我走向我的车时，感觉像是有人捏了一下我的胳膊。

香农：是的，听到自己的名字被喊出来的情况实际上比你想象的要普遍得多。之所以在早晨的睡眠状态下发生这种情况，可能是因为你在这个时间比其他任何时候都更放松、更容易接收。那是它们能来到你的时刻。所以当它再次发生的时候，你可以和灵体谈谈。你要做的就是开始说："嗨，你好！你（灵体）能让我轻松点吗？因为我不明白你们在这里做什么或在对我说什么，我现在不能很好地感知你们。"

答：谢谢。

问：它们会不会附着在房子上，然后想让你离开房子？

香农：当然，灵体，就像我们一样；它们会持有不同的观点，比如"这是我的房子，我的男人，我的女人，或者我的宠物。"有时你会有这种难以置信的感觉，好像你需要从房子里逃离出来，而另一些时候你就是会有某种感应。闹鬼的房屋是非常普遍的。在我死后，永远待在一栋房子里可不会是我的第一选择，但每个人都有自己的选择。

答：嗯，我想我的房子里有鬼或者灵体，它曾经发出一种非常可怕的声音。还有一次我觉得它想对我和我哥哥做什么，所以我叫它滚蛋，我知道我比它更强大。

香农：我不会假定让它滚蛋在任何情况下都有效，或者你比它更强大。真正的力量是改变的意愿。在这种情况下，你能做出什么改变来创造一个不同的结果？如果你愿意不带任何评判和观点地看待它，你将来到更强大的效力以做出一些改变。很多人喜欢躲起来，然后告诉自己，"我不想看到这个"或"我不想处理这个"。那谁拥有了力量呢，是你还是你不想看向的那个东西？

由于你不愿接收它们，你便把力量给了它们。

还有记住，当你叫人们滚开的时候，是所有人都走开了吗，还是仍然有留下来没走的？灵体也是如此。

回复：嗯，看到它们并在我的生活中拥有它们似乎意味着一些东西，而这会改变我的生活。

香农：嗯，是的，没错，它会改变你的生活。你有觉察到它会改变什么吗？

答：是的，我肯定得换个角度看待事物。

香农：酷，怎样比这更好？记住，通常是我们付诸于这些灵体的意义和谎言创造了种种困难。灵体沟通不必是什么大事，也不必是困难和可怕的。

这世界上有很多的存有；他们可能是家人或朋友，只是想跟你打个招呼，或者也许只是在他们走之前最后一次跟你说再见。

我在"一位家庭老友来拜访"这个故事中举了一个例子。在这个故事中,我们家的一位老朋友玛丽,在她去世后来找我道别。如果我抗拒了她,她就很难和我连接道别了。

这就是人们对待灵体的方式;人们抗拒灵体,因为他们认为灵体都是不好的。虽然我一开始也很害怕,但我还是愿意接收她,我们两个都有一种共同的善良和关怀。

问:对于灵体我们是否有某个目标,因为我已经学会了清理灵体?

香农:嗯,是的,清理它们是很好的,而有时候和它们沟通更适宜。对我来说,这只是觉察到在不同的情况下需要些什么。清理灵体可以对那份能量创造出一份巨大的改变和转变。至于目标,我只能告诉你我对于灵体的目标是什么。

答:嗯,那是什么?

香农:拥有全然的觉察——而我还在探索它是什么样子。

问:我觉得大多数时候我只是想让它们消失。

香农:你有多努力让你所有的问题都只是消失不见,而不是正视它们?这通常行得通吗?还是你常常必须看向某些事物来改变你正在处理的问题?假如根本不存在任何的问题呢?假如根本就没有什么要摆脱的呢?

问：所以这并不总是关于必须清理灵体；这也是关于要觉察到它们的存在？

香农：是的。

问：我记得你一年前开过一门课。有一位女士一直试图清理掉她的家人，然后她的家人非常生气！

香农：哦，是的，我想是她的祖父或祖母，他们的观点是"你为什么要赶我走？"这很好地示范了我正在谈论的东西。如果我没记错的话，课堂上的那位女士一直在寻求生活上的帮助，很明显这位祖父/母是来协助于她一直在请求的东西的。这位女士并没有懂得这一点，然后一直试图清理掉她的祖父/母，而不是接收那份协助之礼。

问：所以基本上我们需要觉察于什么时候要清理和什么时候要接收它们？

香农：是的，清理很好，沟通也很好，这就是要觉察到需要做什么。

问：有很多灵体进入我，当我问它们是否是来辅助我时，我得到所有这些能量。

香农：这就是我说的。让我来问你个问题。你是一个管道吗？

没有回答。

香农：这将是个是或否的问题。同学们，你们觉得呢？

学员：是的！

香农：那你有觉察到这一点吗？

回答：是？

香农：所以，在某种程度上，你觉察到了这一点，因为现在你看起来和平常完全不同，你的眼睛里有一种不是你的存在，你刚才说你有灵体进入你的身体。我建议你探索一下这对你来说是什么。我知道这看起来可能很吓人，但你必须拥有所有的工具和钥匙来让它为你工作，否则你不会拥有这份能力的。

我认为对于像你这样有能力的人来说，这一点是蛮重要的。像你这样通灵的人，首先要承认这是在发生着的，然后学习如何使用你的能力。有很多人在灵体方面有非凡的能力，却并没有觉察到这是怎么回事，而这可以体现为许多"行为"失调，如精神分裂症、双相情感障碍症、抑郁、自杀倾向，多重人格障碍、强迫症、多动症甚至自闭症。自闭症是一个完全不同的单独话题我现在就不深入多讲了，但自闭症患者不仅对灵体有高度的觉察，他们还拥有相当大的通灵能力。假若他们是引领物种进化到意识的更高形式的，那会怎样？假若他们有敏锐的心灵感应能力，而不是所谓的精神紊乱，那会怎样呢？

精神分裂者与多个灵体打交道。他们没有疯，也没有什么毛病。事实上，他们有一些惊人之处。自闭症者不是弱智；他们的精神是如此的先进以至于他们无法适应这里如此缓慢和稠密的事物。

这些人能教给世界什么，并向世界展示另一种比我们现有的更加广阔的运作方式？你拥有这些与灵体有关的能力而自己却浑然不觉，这难道不是很有趣吗？嗯，我认为这很有趣；你可能认为这是令人沮丧和奇怪的。

你越愿意就这一切变得更加能量化，即它不必是说得通的和变得固化下来，它就会变得越容易。与灵体对话的方式可谓多种多样。我发现人们犯的最大错误是，大家认为与灵体沟通就像与有身体的人交谈一样。有时它会这样展现，但我要说这是最不常见的展现方式。大多数情况下，这不会是一种口头交流的感觉，它将更像一种下载。它可以像闪电一样迅捷；突然之间你就会拥有全部信息。这比我们在现实生活中交流要快速得多。这就是为什么大多数人认为他们没有明白。不是你不懂，而是它真的很快。

答：这就是问题所在；我从来没有听到过什么话。

香农：嗯，是你从来没有听到过任何话语，还是它是以一种你不熟悉的方式来到你的？

答：好的，我该如何开始理解我所拿到的东西呢？

香农：首先要相信自己，就像我说的，你越多进行沟通，它就越容易。对我来说，我知道当它们试图让我理解一些事情时，它们会让我感受到它们的感觉，或者它们会让我闻到它们的味道。有很多不同的方法可以让一切都明白得了；问题是，当这些事情发生时，你要开始认可它们是什么。这些信息来到你的方式也与传递它的灵体有关。它们中有些是善于沟通的，有些则不然，就像我们人一样。

问：当灵体不在我们身边时，它们会发生什么？它们在哪里晃悠？灵体的疆土在哪里？

香农：哦，这是一个很大的问题，我不确定我是否能坦诚和完整地回答这个问题。感知它们的世界的棘手之处在于，它们的世界和我们这里的世界不同，它们没有相同的时间和空间实相。试想一下，如果我们没有如我们所知的时间，我们的世界将会变成什么样子，看起来会是什么样子，感觉会是什么样子？也就是说，事情并不是按时间顺序发生的，而是全部同时发生着。然后再想象一下，你与空间的关系完全不同或者空间根本不存在，这意味着你与空间中的事物的关系也将会不同。你和其他东西之间不再有一个可测量的距离。没有上下左右，只有无法定义的空间。如果你能近距离地感知到这是怎样的，那么你就能近距离地感知到它们在哪里，它们是怎样的。

答：好的，这有点让人吃惊。（笑声）

问：我的顾问去年去世了，他去世的时候我很伤心。我的悲伤是不是我想把他屏蔽掉?

香农:好,问得好。我们就直说了,好吗,因为他现在就在这里。你想和他谈谈吗?

答:嗯,是的,我想是的。

香农:好的,我会给你一些工具,你可以在这里和我一起做,也可以自己做。让我们从让他握住你的手开始。我希望你看着他,并觉察到他在表达什么。

答:好吧,我现在感觉轻盈多了。

香农:你能不能再多看看他,让他像以前那样在这里陪着你?

答:好的。

香农:这里有一个很大的误解,那就是人一旦死了,他们就永永远远地离开了,再见了,再也见不到你了。这并非是真实的。说实话,他的身体死了并不意味着什么。他仍然在这里,而在这种情况下,他仍然非常有能力为你在这里,就像生前一样;你只需要能够以一种不同的方式接收。他不是永别,他就在这里,就在这个房间里,握着你的手。通过你开始释放的能量,这将是他去世后你第一次真正从他那里接收。你有什么感觉?

答:不可思议,我从来没有过这样的感觉。我感觉浑身上下都有一股温暖的寒意在流动,好像一切都变得越来越轻了。

香农：很好，继续。现在你已经知道了如何与他调频，你就可以随心所欲地与他建立联系了。你清楚他现在在哪里吗？

答：是的，我想是的。

香农：你很幸运，他是一个清晰的存有。他能很好地让别人明白他。并非所有灵体都是如此。

问：我有一个朋友几年前自杀了，我为她感到高兴，因为我觉得她去了一个更好的地方，但我知道她还没有离开；我还能感觉到她在我身边。大约三个月后的一个晚上，半夜我突然醒来，我的男朋友转过身来和我说话，但是她的声音冒了出来，她叫我的名字，那个名字只有她会叫，然后她说："我现在要走了"，然后就离开了。你认为她走了吗？

香农：是的。

问：那么我们能让灵体困在这里吗？比如她那个自杀的朋友？我们能用我们的情感等东西阻止灵体离开吗？

香农：是的，她的朋友身上发生的就是这样的情形。因为这是一起自杀事件，每个人都认为，"哦，那太可怕了！"当一个人的去世被戏剧化了，这会让那个存有受到卡滞，不清楚他们自己的选择。

问：那动物呢？

香农：是的，当你把一只宠物变得非常重要时，它会在你的身边徘徊，因为它听到了你的要求，它想尊重你的要求。如果你想让它回来当你的宠物，或者你感知到它想回来当你的宠物，那就要求它这么做。如果它喜欢你，它很可能会回来。

你们有些人会开始注意到一些不同的事情。如果你真的渴望提升你感知灵体的能力，你可以做这个练习。当你今晚躺在床上时，放松。有意识地降低你的屏障，因为不管人们是否觉察到，他们往往会对灵体竖立屏障。有意识地降低你的屏障，并开始感知外在的一切。开始做提问，比如"这里有任何灵体愿意和我交谈吗？"提问会让你拥有觉察。

如果今晚没效果，明天再试一次。选择一个安静的时间，你可以坐下来调频。

（对课程学员）：你有这样做，然后发生了什么？

学员：首先我要说，我以前的态度是所有的灵体都是可怕的，它们都对我不利。当我照香农说的去做时，真是太神奇了！我知道了它们的名字，我知道它们在那里支持着我，甚至在我的一生中它们都一直在支持着我。这完全改变了我对事物的看法。我不害怕灵体；事实上，我现在更愿意接收那些在那里支持我的灵体，这很不可思议。谢谢你香农。

问：我有清理灵体，但我很难感知它们是否走了。

香农：如果你说了这些话，它就在发生了。我花了很长时间才真正培养对这一切的敏感度。所以如果你坚持下去，你也会培养出来的。

对于灵体清理，我开始注意到的是，我在一个房间里会说，"也许这里有什么东西，让我们试试，看看效果如何。"我会进行清理，然后注意到自己在深呼吸。这是刚刚发生了什么事的征兆。你可以开始提问："我在这里感应到了什么？"注意那些微妙的能量。

问：我刚买了个农场，有时候感觉很沉重，我想知道我为什么要买它。我需要清理农场周围的灵体吗？

香农：对，一定要清理。你可以要求那些会辅助你打理农场的灵体们留下，其他的都需要离开。全面彻底进行，并使用你的工具。

问：（小孩）我在家里怕黑。

香农：你是害怕你家里所有房间，还是只害怕其中的一些房间？

小孩：大部分时候是通往这个房间的走廊。如果我走进我哥哥的房间，我会打开灯，看看门后和所有的柜子。

香农：就此有两部分。第一，是的，你在感知到灵体和能量。问题是，有时候你还是会害怕。有时我也仍然会害怕，但我已经学会了不让它控制我的生活。有时让你感到害怕的那些灵体们需要你的帮助，所以你愿意帮助它们吗？

小孩：好的。

香农：你可以开始提问在那里有什么能量是好玩的和友好的，请求玩伴。如果你能玩得开心而不是变得害怕，那不是很棒吗？所以你愿意在围绕你家里的灵体方面，成为一个具有更棒觉察的领袖吗？

小孩：嗯……愿意。

香农：所以这是关于打开通向这些能量的大门。我们只是刚刚开始，我们中那些选择拥有它的人将会是地球上意识改变的开始。

科学告诉我们宇宙中的一切都是由能量构成的，一切都是由振动的分子组成的——你的种种想法、感觉、情绪和你的身体。

开始感知构成万事万物的分子们，然后开始感知这些分子之间的空间。

你是分子之间的空间，如果你愿意成为分子之间的空间，那么你就会意识到一切都在你之内。你不会受到事物的影响；你影响着其他事物。只要你愿意成为你、改变世界，一切皆可改变。

然后宇宙的意识将更加支持你。你最大的力量就是你的意识。

你越变得有意识，就会越多地赋能、唤醒、启迪每一个人，并在万事万物和所有人之中创造一份更伟大的可能性。在这个星球上，唯一创造反意识的是人们所在做着的各个反意识的选择。

好了，现在我们的课程就要结束了，你们愿意为在这里辅助你们的所有灵体们赠予它们所需要的全部能量吗？谢谢大家！

很好，现在和它们全部断开连接，感谢它们，并告诉它们可以走了。

非常感谢你们今晚的参与，感谢你们愿意拥有另外一种可能性。

学员们：谢谢，谢谢，谢谢。